AF315830

Osvald LEROY

MARS-LA-TOUR

16 - 18 AOUT 1870

La lutte était farouche. Un carnage effréné
Donnait aux combattants des prunelles de braise :
Le fusil Chassepot bravait le fusil Dreyse ;

Là c'était l'Allemagne et là c'était la France.
Tous avaient de mourir la tragique espérance
Ou le hideux bonheur de tuer ; et pas un
Que le sang n'enivrât de son âcre parfum,
Pas un qui lâchât pied, car l'heure était suprême.

L'année terrible — Victor Hugo.

Seconde édition   **Prix : 1 fr. 50**

PARIS

LIBRAIRIE FISCHBACHER

(SOCIÉTÉ ANONYME)

33, RUE DE SEINE, 33

1887

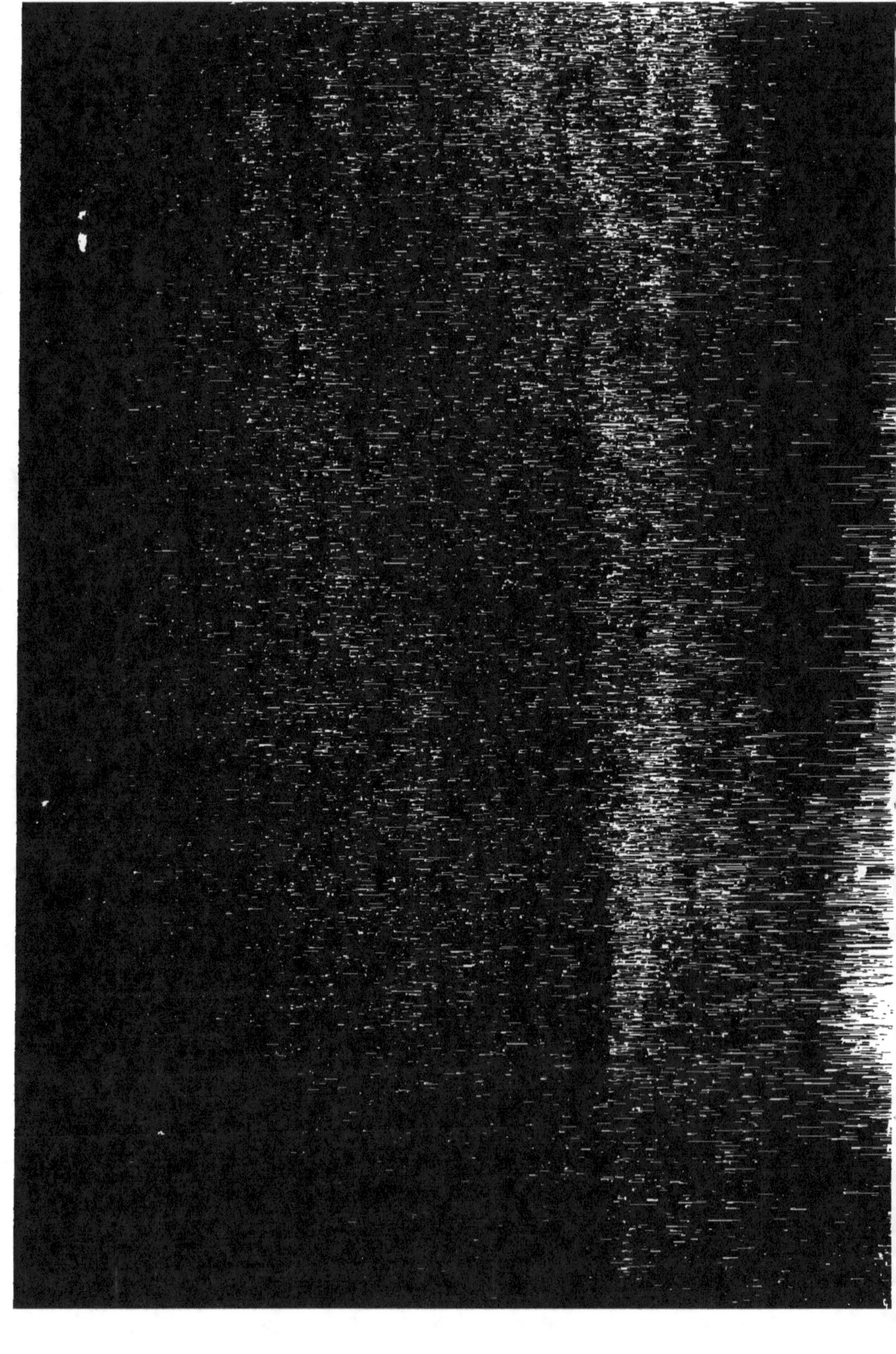

MARS-LA-TOUR

16-18 AOUT 1870

OSVALD LEROY

MARS-LA-TOUR

16 – 18 AOUT 1870

La lutte était farouche. Un carnage effréné
Donnait aux combattants des prunelles de braise
Le fusil Chassepot bravait le fusil Dreyse ;

Là c'était l'Allemagne et là c'était la France.
Tous avaient de mourir la tragique espérance
Ou le hideux bonheur de tuer ; et pas un
Que le sang n'enivrât de son âcre parfum,
Pas un qui lâchât pied, car l'heure était suprême.

L'année terrible — Victor Hugo.

Seconde édition

PARIS

LIBRAIRIE FISCHBACHER

(SOCIÉTÉ ANONYME)

33, RUE DE SEINE, 33

1887

Phototypie J. Royer, Nancy.

ASPECT GÉNÉRAL DU MONUMENT

Mars-la-Tour.

A l'intersection de la route de Verdun et du chemin de Jarny,
près de la voie ferrée et à quatre kilomètres de la frontière, se
dresse un monument commémoratif autour duquel vient se grou-
per tous les ans une nombreuse et patriotique assistance.

Gravelotte ! Saint-Privat ! Rezonville ! Vionville ! Sainte-Marie-
aux-Chênes ! Mars-la-Tour ! quels souvenirs à la fois glorieux et
terribles évoquent ces quelques noms !

Quelle épopée à la fois sinistre et grandiose traverse notre
pensée, lorsque nous la reportons à dix-sept ans en arrière !
Champs de bataille des environs de Metz, petit coin de la terre,
il est vrai, mais immense charnier où sont couchés pour l'Eternité
dix-huit mille des nôtres et trente-quatre mille Allemands !

C'est en souvenir des soldats français tombés dans ces batailles
que, sur l'initiative des habitants de Mars la-Tour, la France a
érigé à ses enfants un magnifique monument par souscription
nationale.

Mars-la-Tour est un simple village de 800 habitants situé à 23 kilomètres de Metz et à 60 de Nancy. Avant la guerre, cette commune faisait partie du canton de Gorze et de l'arrondissement de Metz. Depuis, elle a été rattachée à l'arrondissement de Briey, le seul resté français de l'ancienne Moselle.

Tous les ans, ce village d'ordinaire si paisible, prend une animation extraordinaire le jour où l'on y célèbre l'anniversaire des 16 et 18 août 1870. C'est là qu'officiers et soldats de toutes armes accourent bien nombreux des garnisons environnantes et que nous retrouvons chaque année ces chers annexés du pays messin si fidèles au souvenir de la Patrie mutilée.

Comment prit naissance l'idée d'élever un Monument commémoratif.

En 1872, au moment du second anniversaire de la bataille de Gravelotte, un désir unanime se manifesta parmi les habitants de Mars-la-Tour. On s'en parlait l'un à l'autre. Ne conviendrait-il pas, se disait-on, de faire chanter le 16 août une messe solennelle en l'honneur de nos vaillants soldats tués à l'ennemi ? Chacun souscrit avec empressement et le service funèbre est célébré en présence de toute la population. Après la messe, et d'un élan unanime, toute la foule, clergé et municipalité en tête, se porte au cimetière sur la tombe des soldats qui s'y trouvaient alors inhumés. Là, M. le maire Seners, improvise un petit discours patriotique et chacun se retire, heureux d'avoir accompli un devoir de chrétien et de Français.

En 1873, à la même époque, nouveau et plus vif réveil du sentiment généreux qui avait animé une première fois la commune de Mars-la-Tour. Chacun apporte son offrande pour ce second service funèbre qui est célébré avec une pompe plus grande encore. Mais, de la somme recueillie, il reste un reliquat : qu'en fera-t-on ? On se dit alors : « Si nous élevions en l'honneur de nos soldats une belle croix en bois ou en pierre sculptée, ne serait-ce pas là un touchant souvenir payé à leur valeur et à leur

courage ? » L'idée fait son chemin et chacun s'occupe à grossir
le reliquat afin de réaliser ce pieux dessein. Bientôt, le chiffre
des souscriptions recueillies fait germer une autre idée. Pourquoi
ne ferait-on pas appel à tous les cœurs patriotes pour élever à
nos chers défenseurs un monument digne d'eux et de la France ?
C'est alors que se forme un comité local ayant à sa tête le maire
et le curé de Mars-la-Tour, chargés de mener à bien l'entreprise.

Le sculpteur Bogino.

Nous sommes alors en 1874 ; tous les journaux parlent du
projet d'élever un monument à Mars-la-Tour et c'est ainsi
qu'un artiste de Paris, M. Bogino, l'apprend par la voie de la
presse.

Avant de parler du magnifique groupe érigé sur notre extrême
frontière, nous croyons utile de rappeler le plus succinctement
possible les principales œuvres de son auteur.

Frédéric-Louis-Désiré Bogino est un sculpteur français né à
Paris le 12 novembre 1831. Parmi les nombreux travaux qu'il
a exécutés, citons brièvement la statue du comte Regnaud de
Saint-Jean d'Angély, père du maréchal de ce nom, inaugurée à
Saint-Jean d'Angély en 1853 ; une *Mater Dolorosa* du beau cal-
vaire de Bouchardon à l'église Saint-Roch de Paris ; le groupe
de la *Compassion*, même église ; *Saint-Hilaire* à l'église Saint-
Etienne-du-Mont à Paris ; le fronton de *la Paix* au palais des
Tuileries ; *Jeanne d'Arc sur le bûcher* ; *le Génie* ; *Francesca de
Rimini*, groupe tiré du Dante ; *Ajax* ; *le Christ au Jardin des
Oliviers* ; la statue de Victor Hugo, faite d'après nature et exposée
l'année qui a précédé la mort du grand poète et intitulée : *Les
Feuilles d'automne*. Le jour des funérailles, cette statue a été
placée au rond-point de Médicis, en face du Panthéon, durant le
défilé du cortège, et y est restée pendant plus d'un mois entourée
par un monceau de couronnes et de fleurs Elle reviendra, sans
doute, en bronze, à cet endroit où elle a été en quelque sorte
consacrée. Ajoutons encore à ces œuvres diverses le groupe de

Quasimodo. Le monstre emporte dans une course furieuse Esmeralda évanouie et, en la mettant sous la protection de l'antique cathédrale, il s'écrie par trois fois: Asile! Asile! Asile! C'est sous ce titre que ce groupe a figuré à l'exposition des Champs-Élysées au moment de la mort de Victor Hugo.

En ce moment, Bogino achève une œuvre appelée à faire grande sensation. On se rappelle que 3oo,ooo personnes ont pris part à une souscription à dix centimes en vue d'élever une statue à sainte Geneviève, patronne de Paris. Bogino a eu l'honneur d'être choisi pour exécuter cette statue destinée à l'église du Sacré-Cœur à Montmartre.

La sainte est représentée debout, priant, les yeux levés vers le ciel ; sa main gauche étend son voile protecteur sur les tours de Paris pendant que la droite éloigne les calamités et les fléaux. C'est majestueux de simplicité et de grandeur. Quel effet sublime produirait la statue colossale de sainte Geneviève sur une des hauteurs de Paris où elle ferait ainsi un digne pendant à *la Liberté éclairant le Monde* de Bartholdi !

Le monument de Mars-la-Tour, comme on le voit, est précédé et suivi d'œuvres réellement remarquables dues au talent du même artiste. Mais, revenons à notre sujet. Sitôt que Bogino a connaissance du projet en question, il fait une rapide esquisse et la présente au comité local de Mars-la-Tour. Malheureusement les ressources étaient trop restreintes pour y donner suite et l'on en était revenu à l'idée d'élever une simple pyramide.

Cependant, en voyant les champs de bataille émaillés de croix blanches comme un vaste champ de marguerites et, en constatant sur place les efforts qu'avaient dû faire nos braves soldats, Bogino résolut d'élever quand même un monument digne de ceux qui avaient donné aussi courageusement leur vie pour la défense de la patrie. Grâce à l'entremise du général de Ladmirault, alors gouverneur de Paris, il obtint de l'Etat le métal nécessaire qui vint en déduction sur le prix qui lui était alloué et il se mit de suite à l'œuvre.

La Commission de réception.

Pour donner toute sécurité au comité de Mars-la-Tour qui ne le connaissait pas, Bogino lui avait proposé de constituer une commission pour la réception de l'œuvre. Voici les noms des membres qui en faisaient partie : MM. Guillaume et Perrault, de l'Institut, Marcelin et Cabet, tous quatre sculpteurs ; Diet, de l'Institut, architecte. M. Moyaux, architecte, de l'Institut, fut adjoint ensuite à Bogino et chargé des plans du piédestal.

Le modèle du groupe étant achevé en terre, le comité fut convoqué à Paris ainsi que la commission de réception à laquelle se joignirent MM. les généraux de Ladmirault, comte de Geslin, alors commandant la place de Paris ; le maréchal Canrobert et M. le baron Etienne de Ladoucette, conseiller général.

L'œuvre de Bogino fit grande impression sur tous et le sculpteur obtint de cette réunion de pouvoir ajouter à son groupe les deux enfants groupés sur une ancre, emblème d'espérance qui avait été jugé trop menaçant par la commission locale.

Ménagements à observer à l'égard de l'Allemagne.

Lorsque le modèle du monument fut ainsi complété, le sculpteur le livra à la fonte. Cette opération eut un grand retentissement : toute la presse y fut convoquée et chaque journal représenté. Bogino fut chargé officieusement par le gouvernement de demander à tous les représentants de la presse de ne parler de l'œuvre qu'avec une extrême circonspection. En 1875, on se trouvait tenu, en effet, aux plus grands ménagements vis-à-vis de l'Allemagne. Il fut même question un moment de ne pas mettre ce monument en place, et Bogino, avec une grandeur d'âme à laquelle chacun rendra hommage, proposa spontanément d'accepter un refus de son œuvre pour malfaçon afin d'éviter à son pays une douleur humiliante. C'est le général de Ladmirault qui fut chargé de la négociation.

Grâce à Dieu, on ne persista pas dans cette idée et le monument s'est dressé majestueux à l'endroit où on le voit aujourd'hui, sans que le moindre incident diplomatique ait été soulevé.

La fonte. — Une catastrophe évitée.

La fonte du groupe qui eut lieu d'un seul jet, fut un gros événement. Quatre pièces de gros calibre hors de service furent mises à la disposition de Bogino. L'une, blessée à la bouche par un boulet avait une oreille cassée par un autre boulet ; elle était superbement ciselée et portait les deux L enlacés et surmontés de la couronne royale. Chose excessivement curieuse, cette pièce ayant servi sous une dynastie qui avait donné à la France le territoire qu'on venait de perdre, servait justement à reproduire ce monument commémoratif.

Cette opération de la fonte devait avoir lieu le dimanche 9 mai 1875 à 3 heures, mais pour différentes raisons, entre autres, un changement défavorable du vent qui diminua le tirage de la cheminée, le métal n'entra en fusion que vers 2 heures du matin. Ce fut un bonheur et voici pourquoi :

Bogino avait invité à cette opération deux cents personnes, outre les représentants de la presse. Dans le nombre, on remarquait MM. les généraux de Ladmirault, de Geslin et leur famille, Camille Rousset, de l'Académie française, des sénateurs, des députés, etc. Les dames étaient assises jusque sur le plancher couvrant une partie de la fosse où était le moule et en face du four d'où devait couler le métal. A sept heures du soir, il fallut renoncer à attendre cette opération ; plusieurs revinrent dans la soirée mais partirent à minuit sans que le résultat se fût produit. Le vent vint tout à coup à changer et, à 2 heures, le métal, en pleine fusion, permit l'opération du coulage. Chaque homme prend alors son poste et le maître fondeur, sur une passerelle, la barre de fer en main, après s'être assuré du bon état de toutes choses, ouvre avec son aide, la porte qui se trouve à la base du fourneau. Le métal s'écoule aussitôt par une rigole en sable jusque dans le bassin de sable également, placé au-dessus du moule.

Le spectacle de cette masse de bronze — quatre pièces de gros calibre en fusion — coulant ainsi au milieu de la nuit, pour se concentrer dans un bassin, est saisissant par les lueurs et les effets magiques. Deux tours de roue de la grue enlèvent les douilles qui bouchent les trous du moule : le métal s'y engouffre aussitôt. Des hommes, avec des torches, se tiennent aux évents par où l'air s'échappe en s'enflammant avec un bruit épouvantable. Quelques minutes encore et l'opération est terminée.

Tout à coup, un bruit sinistre se fait entendre ; un grondement formidable, une lueur intolérable, des millions d'étincelles, des cris, des craquements, le feu partout, le métal saute en l'air...

Le moule avait crevé par la base et, comme d'un réservoir percé, un jet de liquide — et quel liquide — jaillissait, détruisant, brûlant tout, affolant les hommes.

Si la fonte avait eu lieu à l'heure indiquée, quelle catastrophe ! que de victimes ! Il fallut recommencer l'opération quelques jours plus tard, mais Bogino n'y invita, et pour cause, âme qui vive.

La date de l'Inauguration.

Le groupe, une fois achevé, fut exposé aux Champs-Élysées et l'on s'occupa de suite de fixer le jour de l'inauguration. La première pensée — et c'était celle qui devait se présenter, en effet, tout d'abord à l'esprit, — fut de choisir le 16 ou le 18 août, mais, tout d'un coup, on s'arrêta à la date du 2 novembre. Dans le public, on ne s'est pas douté un seul instant que cette date avait été imposée par le gouvernement auquel la fête des Morts avait paru offrir moins de chance de critique à la frontière. Bogino procéda lui-même à la mise en place du monument qui se trouva édifié pour le jour fixé.

La première Inauguration.

(2 novembre 1875).

Dès le matin, on aperçoit à travers les campagnes de longues files de pèlerins se dirigeant vers Mars-la-Tour. Un grand nombre de Messins, des annexés arrivent vêtus de deuil, les mains pleines de bouquets de pensées et de couronnes d'immortelles.

Faute de place, les voitures stationnent dans la grande rue du village ; chaque maison regorge d'invités ; les étrangers ne savent où se loger.

M. le marquis de Chambon, préfet, vient présider la cérémonie au nom du gouvernement. Des gendarmes à pied et à cheval font le service d'ordre et contiennent la foule qui se presse derrière le cortège officiel se rendant à l'église précédé de la musique du 94° d'infanterie venue de Verdun pour la circonstance. Dans le cortège on remarque MM. Ferlet de Bourbonne, sous-préfet de Briey ; les conseillers municipaux ; Varroy, député ; Rollin, président du conseil général ; de Ladoucette, Fayon, conseillers généraux ; les membres de la commission du monument ; Guillot de Sainbris, secrétaire et délégué du comité de Paris qui n'allait pas tarder à achever l'œuvre entreprise ; de Bonvin, capitaine adjudant-major, représentant le général de Cissey, ministre de la guerre, dont il était l'aide-de-camp ; le commandant Wyst, grièvement blessé au combat de Mars-la-Tour, représentant le 6e corps ; Bogino, l'auteur du monument ; le commandant Le Duchat ; Hitter, bien connu des Messins sous le nom de l'*Ours blanc* qui l'a rendu célèbre pendant le siège ; des représentants de la presse parisienne et départementale, etc.

Le cortège pénètre à l'église et prend place dans le chœur autour d'un catafalque entouré d'attributs militaires et surmonté d'un immense dais noir. Sur le catafalque, une veste et un képi d'artilleur. L'église est tendue de noir et les murs sont ornés de couronnes de verdure et d'immortelles que les assistants vont déposer tout à l'heure au pied du monument.

M. Faller, curé de Mars-la-Tour, dit la messe et M. Noël, curé de Briey, délégué par Mgr Foulon, prononce en chaire un discours éloquent que nous reproduisons intégralement. Nous ferons de même pour les autres discours, car on ne saurait trop contribuer à rappeler ces paroles si fortes et marquées à la fois du patriotisme le plus pur et de la foi la plus sacrée.

Discours de M. Noël, chanoine honoraire, curé archiprêtre de Briey.

Quomodo ceciderunt fortes in prælio ? Quomodo ceciderunt robusti et perierunt arma bellica ? Comment les vaillants et les forts sont-ils tombés dans le combat ? Comment leurs armures ont-elles été détruites. (II, Reg., I, 25, 27).

Quand David apprit, de la bouche d'un Amalécite, que Saül avait succombé avec ses trois fils et sa vaillante armée, dans un combat livré contre les Philistins, sur les montagnes de Gelboë, sa grande âme, si patriotique, fit entendre ces accents douloureux : « Comment sont-ils tombés les vaillants d'Israël, eux plus rapides que les aigles, plus forts que les lions ? Comment sont-ils tombés dans un fatal combat ? Ah ! n'allez pas en porter la nouvelle sur la terre de Geth, ni dans les rues d'Ascalon, de peur que les épouses des Philistins, et que les filles des infidèles n'insultent à nos malheurs par des chants de triomphe ! Montagnes de Gelboë, que ni la pluie du ciel, ni la rosée du matin ne descendent sur vous, que vos champs ne soient pas les champs des prémices, car là gît le bouclier des forts, le bouclier de Saül. »

Tel est le cri de douloureux étonnement que nous avons tous jeté, dans les angoisses de notre patriotisme, en voyant se dérouler la rapide et sanglante série d'événements dont la France a été le théâtre pendant plus de six mois. Notre armée héroïque, comme dans ses plus grands jours, succombait, hélas ! partout sous le nombre ; la puissance d'une savante organisation avait raison de l'indomptable courage de nos soldats. On n'allait plus au combat, on marchait au sacrifice ; et, puisque la France devait être vaincue, on voulait du moins que la gloire d'un immense holocauste rachetât sa défaite. Quand le combat eut cessé, que le silence eut succédé au bruit des armes, la France, comme Rachel, pleura ses fils qui ne sont plus. Elle pleura, comme David, le trépas des forts d'Israël et elle dit, en regardant à travers ses larmes, les champs arrosés de leur sang généreux : « Comment sont-ils tombés mes enfants bien-aimés ? Comment mes fils ont-ils été arrachés de mon sein ? Beaux et aimables dans la vie, ils n'ont point été séparés dans la mort ! » Qui comptera ces nobles fils de la France, couchés sur les champs de bataille ? En ce jour de souvenir pour les morts, combien d'yeux, mouillés de larmes, se tournent vers nos pays, de toutes les parties de la France. Aussi, l'Eglise qui est une mère, la plus tendre des mères avec la patrie, à laquelle elle s'associe dans cette douloureuse solennité, n'a-t-elle jamais fait retentir avec plus de vérité ces paroles funèbres des prophètes qu'elle mêle à ses prières, dans le deuil de ses enfants : « O jour de colère, jour de misère et de calamité, jour vraiment amer ! » *Dies iræ, calamitatis et miseriæ, dies magna et amara valdè.* »

Cependant, si notre patriotisme souffre de ces épreuves, qu'il n'en soit pas humilié. « La France, écrivait le Souverain Pontife à notre vainqueur, pendant que toute l'Europe se taisait, est une nation illustre dont la très grande noblesse d'âme et la valeur militaire consacrée par tant et de si grands monuments de gloire, ne peuvent être obscurcies par aucun revers. » Disons-le donc avec fierté, la France a pu être vaincue, humiliée dans le sentiment le plus vif de son âme, mais elle a sauvé son honneur.

Une nation qui a donné l'exemple d'une persévérance si héroïque dans le malheur, qui a prodigué à l'abîme son sang et ses trésors, cet or avec lequel elle a si longtemps payé sa gloire ; une nation qui s'est disputée, comme un navire désemparé, à un naufrage inévitable, s'est acquis le respect des autres nations et s'est élevée à une hauteur morale qui lui fera retrouver, tôt ou tard, sa grandeur et sa prospérité passées. Humilions-nous, oui, humilions-nous, mais seulement sous la main toute-puissante de Dieu. C'est lui qui est notre véritable vainqueur ; c'est sa justice et plus encore sa miséricorde — nous le comprendrons un jour, — qui a passé sur nous. Ce n'est pas sans une grande raison et un profond mystère que Dieu s'appelle dans les divines Ecritures le Seigneur Dieu des armées. Nulle part la main divine ne se fait sentir plus vivement, nulle part l'homme n'est averti plus souvent de sa propre faiblesse et de l'inévitable puissance qui règle tout. Les conquérants et les guerriers ne sont entre ses mains que des instruments de sa justice ou de sa miséricorde sur les peuples. Reposez donc en paix, nobles enfants de la France, votre courage a été malheureux ; mais n'en rougissez pas dans votre tombe, comme nous ne rougirons jamais de vous. Nous vous disons avec le Roi-Prophète, versant des larmes sur le courage malheureux d'un des plus vaillants généraux de l'armée d'Israël, le brave Abner, tué sous les murs d'Hébron : « Non, vous n'êtes pas morts comme des lâches ! *Nequaquam ut mori solent ignavi* : mais vous êtes tombés comme tombent des gens de cœur devant l'ennemi: *Sicut solent fortes cadere, sic corruistis* (II, Reg., III, 33). » Votre tombeau ne sera pas le tombeau de notre honneur militaire ; il sera à jamais un sépulcre glorieux.

Mais il ne s'agit pas seulement de glorifier la mémoire de ces généreuses victimes du patriotisme ; une pensée plus haute et plus salutaire doit dominer nos cœurs et imprimer à cette solennité vraiment nationale, un caractère religieux et sacré. Vous l'avez compris, messieurs les membres de la commission et de la municipalité de Mars-la-Tour; vous avez compris qu'il y a une autre immortalité que celle de l'histoire, une gloire plus vraie et plus solide que la gloire que les hommes distribuent. Celle-ci, si éclatante qu'elle soit aux yeux des vivants, est pour les morts sans réalité ; ce n'est pas même, dit un ancien, *l'ombre d'une ombre*. Les restes de nos braves n'entendent pas même le bruit qui se fait autour de leur tombeau. Or, nous lisons dans les saintes Ecritures que le vaillant Judas Macchabée, après une grande victoire remportée à Betsour, sur Gorgias, général des armées du roi de Syrie, fit parcourir le champ de bataille pour relever les corps de ses soldats qui avaient succombé dans le combat et leur rendre les hommages de la sépulture. Le pieux guerrier ordonna à tout le peuple de prier pour eux et de conjurer le Seigneur d'oublier leurs péchés. Il envoya en même temps 12,000 dragmes d'argent à Jérusalem, afin qu'on offrît dans le temple un sacrifice pour l'expiation de leurs fautes. « Car, dit l'écrivain sacré, *c'est une sainte et salutaire pensée de prier* pour les morts, afin qu'ils soient *délivrés de leurs péchés* (II, Macch., X, 4, 46).

A l'exemple de Judas Macchabée, vous avez voulu donner une pensée chrétienne à la mémoire de ceux que nous avons perdus pendant la guerre. Vous ne vous êtes pas contentés d'élever à leur gloire ce magnifique monument, qui parlera avec éloquence aux générations qui nous suivront, pour leur inspirer l'amour de la patrie et le courage de la défendre dans ses périls ; vous êtes venus encore demander à Dieu, au suprême rémunérateur des vertus, de mettre ces généreux combattants en possession de l'éternelle félicité, et déposer sur leurs têtes la couronne impérissable de gloire, qui ne se flétrira point comme ces fleurs que nous répandons sur leurs tombes. Vous n'êtes pas de ceux qui voient dans la mort l'anéantissement de tout l'être humain, qui disent avec un cynisme révoltant que tout finit au tombeau. S'il en était ainsi, à quoi bon consacrer à la mémoire de nos soldats des monuments et des chants de louanges ? que seraient le patriotisme, l'amour et le dévouement à la patrie ? De vains mots. C'est dans la croyance en Dieu et en l'immortalité de l'âme, dans l'espoir des récompenses éternelles, que se puisent les aspirations les plus nobles, les plus ardentes du patriotisme : c'est la foi qui lui donne sa flamme, ses élans les plus purs, son caractère divin. Quelle histoire présente des types plus accomplis du patriotisme et de la bravoure militaire que l'histoire du peuple de Dieu ? quelles majestueuses et héroïques figures que celles de Moïse, de Josué, de Néhémias, de Matathias, de Judas Macchabée ! quelles femmes admirables que Debora, Judith, Esther ! Dieu lui-même, le maitre de la nature, a voulu avoir une patrie sur la terre, et dans la personne de son Fils adorable, il a versé des larmes patriotiques, à la pensée des malheurs qui devaient fondre un jour sur Jérusalem et humilier jusqu'à terre la reine des nations. Les premiers chrétiens, quoique persécutés, se montrèrent constamment fidèles à ces exemples et à ces enseignements. Tertullien, dans sa célèbre apologétique aux empereurs, les défiait de trouver de meilleurs citoyens et de plus braves soldats que les chrétiens. Les deux légions Mélitine et Thébaine, recrutées dans l'Arménie et la Haute-Egypte, presque entièrement converties au christianisme, étaient réputées les plus braves de l'armée romaine. La première avait reçu, à cause de sa valeur impétueuse, le nom de *foudroyante*.

C'est le même sentiment, la même pensée chrétienne qui a soutenu le courage des braves que nous pleurons et envers lesquels nous acquittons en ce jour la dette de la patrie, dont ils ont été les généreux martyrs. N'ont-ils pas donné leur sang pour elle comme les martyrs le donnèrent pour la défense de la foi ? On disait aux martyrs des premiers siècles : « Sacrifiez aux dieux ou mourez ! » Et ils répondaient fièrement : « Je mourrai, mais je ne sacrifierai pas ! » Nos soldats, accablés par le nombre et sans autre espoir, en donnant leur vie, que de sauver l'honneur de la patrie, ont dit : « Je mourrai, mais je ne fuirai pas. » C'est donc avec un vif sentiment de confiance que nous pouvons nous écrier avec le prophète : « O France, tes morts revivront et tes tués ressusciteront dans la gloire ! *Vivent mortui tui; interfecti tui resurgent.* » (Is., XXVI, 19.)

Pour nous, mes frères, recueillons, dans le silence et dans le sentiment d'une résignation calme et chrétienne, les enseignements qu'offre à nos âmes cette douloureuse et patriotique solennité. L'apôtre saint Paul, l'interprète inspiré des préceptes divins, ne nous défend pas de pleurer nos morts, mais il ne veut pas que nous les pleurions comme ceux qui n'ont pas d'espérance. *Non contristemini, sicut et cœteri qui spem non habent* (I, Thess., IV, 12). Soyons patients, dignes dans nos malheurs, et quoi qu'il arrive, sachons maintenir dans nos cœurs les grands principes, les principes éternels de la vérité, de la justice : ces maximes immuables qu'aucun pouvoir humain ne pourra jamais détruire.

O Dieu, qui avez frappé ces coups terribles qui ont humilié notre chère patrie ; Dieu, le juge des rois et l'arbitre du monde, regardez dans une lumière propice ce noble peuple français, l'aîné de votre droite et de votre Eglise ; souvenez-vous de ses services passés, de vos bénédictions premières ; renouez avec lui l'antique alliance qui l'avait fait votre homme, votre soldat ! Dieu tout-puissant et éternel, écoutez en ce jour la prière de nos morts : *Audi nunc orationem mortuorum Israël !* Sauvez la France, en lui envoyant ce rayon vainqueur qui terrassa Saül sur le chemin de Damas, pour faire de lui le grand apôtre des nations, la lumière du monde ! Que la France soit encore votre peuple choisi, la nation sainte, afin qu'elle porte à jamais, comme un vase d'élection, la gloire de votre nom devant les rois et les peuples de la terre.

La visite au Monument.

Après la cérémonie, le cortège, suivi d'une foule de 6,000 personnes, se rend au monument.

A deux pas du ravin de Grizières et en vue des bois de Vionville où la lutte fut si acharnée et où le sous-lieutenant Chabal du 57e de ligne s'empara d'un drapeau du 16e régiment prussien, chacun reporte sa pensée à deux ans de là. L'émotion est profonde.

Le Monument.

Aussi, lorsque le clergé entonne l'office des morts pendant que le sculpteur Bogino découvre le monument, un immense cri de « Vive la France ! » s'échappe de toutes ces poitrines et monte vers le ciel comme une invocation à l'espérance. L'œuvre de Bogino est magnifique : un grand sentiment a inspiré l'artiste qui a produit une grande chose. Muni de ses hauts-reliefs dont nous parlerons plus loin, le monument de Mars-la-Tour est certainement un des plus beaux que nous connaissions.

La statue qui surmonte le piédestal haut de cinq mètres représente la France debout. L'expression empreinte sur son visage n'est point celle du désespoir ou de la menace : c'est celle d'une douleur résignée et fière. La France soutient un soldat blessé mortellement. Un fusil tombe de sa main mourante, mais il ne touche pas terre car il est aussitôt saisi par les faibles mains d'un jeune enfant accroupi aux pieds de la France pendant qu'un autre s'appuie sur une ancre allégorique. Touchante et réconfortante allusion du mourant à la génération qui suit ; symbole de regrets et d'espérance.

Sur un des côtés du piédestal, sur celui qui est tourné du côté des champs de bataille, on lit :

A LA MÉMOIRE

DES SOLDATS FRANÇAIS

MORTS POUR LA PATRIE

DANS LES JOURNÉES

DES 16 ET 18 AOÛT 1870

Discours de M. le préfet, marquis de Chambon.

Aprèè la bénédiction du monument par M. l'archiprêtre de Briey, M. le préfet monte sur les marches du piédestal et prononce le discours suivant :

MESSIEURS,

A la vue de cette contrée, théâtre de luttes héroïques ; au pied de ce monument que la piété de bons citoyens, traduite par le ciseau d'un grand artiste, a élevé en l'honneur des victimes de la guerre, votre cœur, comme le mien, est oppressé par des souvenirs empreints d'une profonde et patriotique émotion.

Je ne veux ni ne peux évoquer ces souvenirs, alors que je les sens vibrer dans l'âme de chacun de vous, alors surtout que l'appréciation des grands faits d'armes n'appartient qu'à l'histoire.

L'histoire dira les motifs qui ont produit le choc de deux nations vaillantes qu'unissaient tant de liens d'estime.

Si, à travers les obscurités inhérentes au temps présent, nous ne sommes parvenus que laborieusement à discerner les causes principales de nos désastres, dès la première heure et sur l'assurance de nos ennemis eux-mêmes, nous avions la consolante certitude que, dans les mémorables journées des 16 et 18 août 1870, l'armée française, depuis le simple fusilier jusqu'aux généraux commandant ses différents corps, a noblement soutenu l'honneur du drapeau et justifié les sentiments de respect, d'affectueuse estime, de confiance, que nous n'avons cessé de lui vouer. Aussi, lorsqu'il nous est donné de célébrer la mémoire de nos soldats tués à l'ennemi, la reconnaissance, la piété nationale se manifestent avec un tel élan qu'en ce jour consacré au culte des morts, nos douleurs privées, quelque poignantes qu'elles puissent être, cèdent le pas à nos douleurs patriotiques devant cet ossuaire où reposeront tant de milliers de braves tombés en défendant le sol de la France.

Leur trépas fut déchirant pour leurs familles, cruel pour l'armée et pour la patrie. Au nom du Maréchal de Mac-Mahon, président de la République, au nom du Gouvernement, nous venons nous associer au deuil des familles, de l'armée, de la patrie, et déposer sur cette tombe la couronne d'immortelles, symbole de la reconnaissance nationale, pour les nobles victimes du dévouement et du devoir.

Messieurs, pour célébrer la mémoire de nos soldats frappés héroïquement sur les champs de bataille, nous ne pouvons nous borner à élever des monuments de marbre ou d'airain. Personne, à un plus haut degré que moi, n'éprouve de gratitude pour les généreux citoyens qui ont pris l'initiative de cet hommage, pour les souscripteurs qui ont répondu à leur appel et pour l'artiste éminent qui a fixé notre pensée sous une forme poétique et touchante en lui donnant la durée du bronze. Mais nous avons d'autres obligations à remplir ; nous devons surtout honorer nos chers morts en nous inspirant de leur âme immortelle, en recueillant le précieux héritage des sentiments qui ont dicté leur sacrifice, en trempant notre patriotisme dans leur sang....

Ecoutez leurs voix !

Ils nous demandent d'aimer la France non pour nous, mais pour elle, de nous assouplir au respect scrupuleux de la Constitution et des lois, de nous unir dans un effort unanime pour rendre à la Patrie sa traditionnelle autorité et sa grandeur ; ils nous prient d'assurer à leurs familles désolées, à leur pays, les bienfaits de la paix, cette paix que l'Assemblée nationale et le gouvernement du maréchal de Mac-Mahon mettent leur honneur à sauvegarder : cette paix que l'un des généraux qui s'est le plus distingué les 16 et 18 août 1870, le ministre de la guerre, le chef de notre armée, le général de Cissey, affirmait naguère avec autant d'autorité que d'éloquence. Oui, Messieurs, honorons les soldats qui sont morts pour nous, en prenant, sur leur tombe, les fermes résolutions qu'ils nous dictent. Si nous n'avons pas, comme eux, l'honneur de verser notre sang pour la Patrie, montrons-nous ses enfants, ses serviteurs dévoués et désintéressés. Sacrifions-lui nos dissentiments et nos passions ; par notre sagesse, par notre prudence, maintenons la concorde entre nous, maintenons la paix avec les puissances étrangères et demandons à Dieu, qui vient de bénir ce tombeau par la main d'un de ses ministres vénérés, d'élever notre âme à la hauteur de celle de la France, comme il a, par le martyre, élevé le cœur de nos soldats jusques aux rayons de sa gloire.

Discours de M. de Ladoucette.

A M. le préfet succède M. le baron de Ladoucette, conseiller général d'Audun-le-Roman, membre de la commission et ancien officier de la garde mobile, décoré pendant la guerre :

MESSIEURS,

J'aurais désiré qu'en ce jour de deuil et de souvenirs une voix plus autorisée que la mienne se fît entendre au nom de la Commission chargée d'ériger ce monument funèbre, mais, interprète de ce comité, c'est pour moi un devoir aussi bien qu'un honneur d'adresser l'expression chaleureuse de sa gratitude à vous tous, pieux souscripteurs, dont le patriotisme

permet de rendre un culte suprême à la mémoire de tant de glorieux
morts. Recevez aussi tous nos remerciements, vous, Mesdames, et vous,
Messieurs, qu'un même sentiment a réunis autour de ce mausolée et qui
êtes venus honorer avec nous ceux qui furent nos héroïques défenseurs.
En traversant les campagnes voisines pour accomplir ici votre pèlerinage,
vos pensées, comme les nôtres, se sont, sans doute, reportées de 5 ans en
arrière et vous avez cru voir, dans un mirage du passé, ces brillantes
phalanges qui s'avançaient non loin de Mars-la-Tour en courant où les
appelait le devoir et où tant de héros allaient trouver la mort. La mitraille
les a fauchés par centaines ; ils sont tombés çà et là et leurs débris, dissé-
minés dans des tumulus épars selon les hasards de terribles luttes, n'avaient
pas encore reçu les hommages auxquels ont droit les braves et que l'on
n'a jamais refusés sur une terre française ni aux cendres de nos adver-
saires, ni aux cendres de nos combattants.

Les patriotiques populations lorraines n'ont pu souffrir que leur sol
offrit plus longtemps un si douloureux spectacle, et, d'une voix unanime
elles confièrent à une commission le soin d'établir, par une souscription
nationale, un monument élevé sur une crypte funéraire où seraient
recueillis les restes vénérés de nos valeureux soldats. Sous l'habile direction d'un homme de cœur, d'un patriote éprouvé, M. Pierson, et avec
l'appui de la presse française, toujours si dévouée aux idées généreuses,
le comité poursuivit sa tâche avec les précieux conseils de deux présidents
d'honneur, M. le Curé Steff, qu'un fatal destin nous a enlevé sans lui
laisser la pieuse consolation de bénir cette glorieuse tombe ; et M. Félix
Fayon, doyen du conseil général, dont le nom éveille de toutes parts, dans
nos contrées, de vives sympathies. Malgré les difficultés d'une telle
mission, tout s'accomplit heureusement, grâce à l'active impulsion donnée
aux travaux par le président et au concours toujours aussi obligeant
qu'éclairé de M. Jules Fayon, conseiller général et président du comice
agricole de l'arrondissement ; grâce aux efforts de M. Lallemand, l'excellent maire de Mars-la-Tour, de M. Faller, curé de cette commune, du
trésorier si dévoué de la commission, M. Delandre, de MM. Goffard,
Détail ; citons aussi parmi les meilleurs auxiliaires de l'œuvre, trois
célèbres sculpteurs, MM. Guillaume, Cabet, Marcellin, et un architecte de
grand mérite, M. Diet, qui voulurent bien nous donner leur avis d'une si
haute compétence, lors de la réception du groupe remarquable de M. Bogino.
Puis, afin de couronner les travaux, un comité de souscription s'est formé
cette année, à Paris, sous les auspices et la présidence du général de Geslin,
que nos compatriotes sont fiers de revendiquer comme un des leurs ; c'est
aux soins des membres de cette commission et de ses zélés secrétaires,
MM. Lévy-Bing et de Saimbris, que nous devrons les élégants bas-reliefs
dont sera décoré ce superbe piédestal, dessiné par le jeune architecte de
l'Institut, M. Moyaux, avec un talent artistique d'une bien rare valeur.

Oublierai-je enfin l'une des plus pures gloires de l'armée, dont l'influence
bienfaisante a plané sur l'œuvre comme celle d'un bon génie : j'ai nommé
le général de Ladmirault ; son intervention écartait les plus graves obstacles

Phototypie L. Royer, Nancy.

LE GROUPE COMMÉMORATIF

(Bogino Sculpt.)

et, après avoir conduit ses régiments sur le chemin de l'honneur, il a contribué, dans une large part, à faire élever à ses compagnons d'armes frappés au champ d'honneur, un tombeau digne de leur admirable courage. Puisse la médaille d'or que le comité a tenu à lui offrir, perpétuer le témoignage d'une respectueuse et cordiale reconnaissance ! Avec cette journée se terminera la tâche de notre comité : avoir pu recueillir, une à une, les ressources auxquelles nous devons ce majestueux monument, avoir vu, devant cette assemblée d'élite, consacrer à son funèbre usage cette crypte souterraine, à laquelle tant de souscripteurs ont apporté leur pierre : c'est pour ses membres, une profonde et patriotique consolation. Mais, il leur en était réservé une autre non moins vive, c'est d'avoir reconnu de nouveau combien d'échos trouvent toujours sur le sol français les grands et généreux sentiments. A notre appel, les offrandes sont venues même des contrées les plus éprouvées par nos derniers malheurs et, après l'Etat dont les subventions ont dignement préparé le succès de l'œuvre, les mères, les veuves, les filles, les amis de ceux que nous célébrons se sont empressés d'orner leur demeure dernière ; l'on voyait que si quelque sentiment pouvait atténuer leur douleur, c'était la pensée de la noble cause nationale pour laquelle ont été frappés leurs morts.

Tombés en soldats du devoir, ils sont témoins là-haut des honneurs funèbres que vous leur rendez, ces braves dont les mânes tressailleront lorsque leurs ossements blanchis seront placés sous l'égide de cette grande statue de la France ! Avec une touchante vérité, notre habile sculpteur l'a figurée comme une mère soutenant son fils dans un suprême péril. Et qui donc pourrait voir ce monument du souvenir sans admirer ce pieux ensemble d'une glorieuse nécropole, d'un soldat mourant dans les bras de la patrie et de la France qui veille près du tombeau de ses enfants ! C'est son amour qui a fortifié nos soldats pendant la lutte ; ce sera sa statue qui abritera leurs cendres et marquera où ils sont tombés en héros. C'est ici, tout près de Mars-la-Tour, que le sol trembla, le 16 août 1870, sous l'une des plus grandes, des plus terribles rencontres de cavalerie de ce siècle, après laquelle nos escadrons campèrent sur le champ de bataille. C'est non loin de nous, entre Saint-Marcel et Vionville, que la profondeur paisible de nos bois abrita un de ces combats formidables où la mort accomplissait son œuvre d'une main sûre dans nos rangs impuissants contre un ennemi invisible ; c'est près de là enfin que, dans cette même journée à jamais néfaste et à jamais glorieuse, le reste de notre armée a lutté avec un acharnement légendaire contre des troupes innombrables qui triomphèrent sans nous vaincre. Et le 18 août, la mêlée recommençait plus sanglante encore !

Ils vont donc enfin pouvoir dormir leur dernier sommeil, nos morts de ces grands combats, et ce groupe monumental témoignera désormais de notre douleur et de nos regrets, en donnant à tous un grand exemple et un noble enseignement. Oui, si notre souffrance est vive à la pensée de tant de sang versé pendant ces luttes fatales où le printemps de la France parut moissonné dans sa fleur, combien est consolant le souvenir de l'incomparable courage de nos soldats chaque fois qu'ils ont pu développer leur valeur ! Et, si l'histoire de ces batailles acharnées, où la vaillance française succomba sous le nombre, est une histoire de deuils et de larmes, ne renferme-t-elle pas à chaque page des exemples du plus merveilleux dévouement ? Quel grand, quel immortel enseignement trouveront enfin les générations futures en parcourant ces plaines témoins de tant d'héroïques sacrifices ! Peut-on les visiter, ces campagnes arrosées du sang de tant de martyrs, sans aimer plus ardemment encore notre drapeau national si noblement mutilé et sans apprendre, dans les temps de paix comme dans les temps de guerre, à sacrifier ses vœux, ses sentiments les plus chers à la cause et aux intérêts sacrés de la France ?

Les soldats tombés sur le champ de bataille ont échangé une vie éphémère contre une gloire immortelle, disait un grand orateur grec dans l'une des splendides fêtes funèbres ordonnées par la République d'Athènes en l'honneur de ses combattants morts ; si nous célébrons les nôtres avec moins de pompe, du moins nous les honorons avec autant de respect, avec autant de cœur et nous répéterons, comme les anciens, que la mémoire de nos défenseurs ne peut pas périr. Ils ont légué, en tombant, le précieux souvenir de leur courage à leurs familles, et leurs frères, leurs enfants n'ignoreront pas tout le prix d'un tel héritage. Ils viendront, plus d'une fois, couvrir de lauriers ce glorieux tombeau que la religion vient de bénir par la main vénérée de ses prêtres et, du plus loin que paraîtra la cime de ces statues de bronze, elle rappellera l'admirable vaillance des braves qui reposeront en paix à l'abri de ce monument après avoir, dans les deux plus sanglantes journées de la dernière guerre, sauvé l'honneur du drapeau de la France !

Discours de M. Pierson.

Enfin, M. Pierson, président de la commission, remercie en ces termes les souscripteurs et les assistants :

Messieurs,

Dans les champs qui s'étendent devant nous, deux cent mille soldats français combattirent, il y a cinq ans, pour la défense du sol de la Patrie ; le succès, hélas ! ne répondit point à leurs efforts, mais leur bravoure commanda l'estime et le respect de leurs ennemis.

Ce n'est pas ici le lieu de parler des survivants de cette lutte héroïque qui sont allés plus loin, vider, avec un courage admirable, la coupe toute pleine de souffrances et de misères.

A chacun sa tâche. Les habitants de Mars-la-Tour qui ont été les témoins des premiers et sanglants combats de l'armée de Metz, ont eu, il y a trois ans, la pieuse pensée d'élever un monument à la mémoire de nos morts.

Ils firent appel à la France entière et, ce monument qui vient enfin d'être achevé, a été édifié avec le don du riche, l'offrande du pauvre et le sou du soldat.

Que tous ceux qui nous ont aidés de leur concours pécuniaire, de leurs conseils, de leur travail et de leurs sympathies, reçoivent ici l'hommage de notre bien vive reconnaissance.

Maintenant que nous avons préparé une sépulture convenable à nos morts, notre tâche est accomplie. Il ne nous reste plus qu'à nous souvenir et à prier.

Ce jour à jamais mémorable pour les habitants de nos contrées nous laissera de douces consolations et un grand enseignement. Il nous rappellera que, confondant pour le même culte les sentiments de religion et de patrie, la France, mère toujours fidèle, n'abandonne pas ses enfants même après leur mort. Que la postérité reconnaissante garde comme nous-mêmes un pieux et ineffaçable souvenir de ceux qui ont succombé en faisant vaillamment leur devoir !

Ces discours où la note patriotique fait vibrer tous les cœurs, excitent l'émotion la plus profonde. Chacun se retire douloureusement impressionné pendant que des mères, des veuves et des orphelins viennent déposer des couronnes au pied du monument.

Le Comité de Paris.

Le monument était terminé, il est vrai, mais les souscriptions auxquelles le département de Meurthe-et-Moselle avait contribué à peu près seul jusqu'ici étaient loin de couvrir les dépenses nécessitées par le développement donné au projet primitif. Aussi, à la date du 28 août 1875, c'est-à-dire deux mois avant la première inauguration que nous venons de décrire, lisait-on dans le *Journal officiel* qu'un nouveau comité de souscription venait de se former à Paris pour mener à bien l'œuvre entreprise. Ce comité se composait de :

MM. le général comte de Geslin, commandant la place de Paris, président ;

le baron Etienne de Ladoucette, conseiller général de Meurthe-et-Moselle ;

MM. Colmet d'Aage, conseiller référendaire à la Cour des
    Comptes, vice-présidents ;

    Camille Rousset, de l'Académie française ;

    le comte Roger de Pontécoulant, ministre plénipoten-
    tiaire ;

    le comte Salis, membre du conseil d'arrondissement de
    Beauvais ;

    Armand Lévy-Bing, de la maison Lévy-Bing et Cie ;

    d'Artois de Bournonville ;

    Guillot de Sainbris, compositeur de musique, secré-
    taire.

Sous les auspices de ce comité et avec le concours gracieux du sculpteur Bogino qui fit tirer dix mille exemplaires d'une gravure du *Monde illustré* représentant le monument, une souscription fut ouverte chez MM. Lévy-Bing et Cie, banquiers, rue Richelieu, à Paris. Ceux-ci chargèrent leurs correspondants dans les différentes villes de France de recueillir les sommes versées, et c'est ainsi que fut menée à bien cette souscription importante. Elle permit de subventionner l'église, de solder les dépenses effectuées ainsi que le supplément de fonte et les frais apportés par les deux enfants ajoutés au groupe. Elle permit également d'exécuter les hauts-reliefs du piédestal atteignant à eux seuls le chiffre de 20,000 francs, somme bien inférieure à leur valeur réelle.

La seconde Inauguration.

(26 septembre 1877).

La pose des deux hauts-reliefs à droite et à gauche du piédestal de la statue ainsi que la transformation de l'église paroissiale en un sanctuaire national commémoratif, a été l'objet d'une seconde inauguration le 26 septembre 1877.

Ce fut encore une bien belle et bien touchante cérémonie à laquelle assistèrent plus de 4,000 personnes, parmi lesquelles un grand nombre de Messins.

A leur exemple, chaque assistant porte à sa boutonnière un bouquet d'immortelles surmonté d'un petit drapeau aux couleurs nationales. La comtesse de Levezou de Vezins, dont le fils est représenté dans un des reliefs, se trouve parmi l'assistance, et chacun s'incline avec respect devant cette grande douleur.

Après la messe dite par M. l'archiprêtre de Briey, Mgr Foulon retrace en chaire les désastres que la France ne put conjurer malgré le courage de ses défenseurs :

Discours de Monseigneur Foulon.

Il y a deux ans, mes Frères, vous étiez déjà réunis dans cette enceinte, pour inaugurer le magnifique monument consacré à la mémoire des combattants de Mars-la-Tour. Il y a deux ans, vous entendiez de la place même où je vous parle, cette question douloureuse que je viens de nouveau vous adresser : « *Comment se fait-il que les forts soient tombés dans le combat ? Quomodo ceciderunt fortes in prælio ?* (2me livre des Rois, ch. 1er, vers. 25). »

C'était aussi un fort et un vaillant qui vous disait ces choses, et, soldat de la vérité par la grâce de son sacerdoce, lui aussi, il est tombé prématurément à son poste de combat (1).

Au lendemain des grands revers, le pénible problème de la cause des malheurs des peuples a l'habitude de se poser.

Comment se fait-il, demande-t-on, qu'une nation pleine de vie ait senti s'échapper sa force ? Comment se fait-il que des armées jusqu'alors victorieuses aient vu leur antique renommée se couvrir d'un voile ? *Quomodo ceciderunt arma bellica ?* (2. Reg. ch. 1. v. 27.) Comment se fait-il que d'aussi étranges humiliations soient arrivées à un pays qui semblait avoir fait un pacte avec la gloire ?

Depuis ses malheurs, la France entière repasse cette question dans l'amertume de ses souvenirs, mais elle y fait des réponses diverses suivant le point de vue auquel elle se place pour interroger le passé.

Quant à nous, mes très chers Frères, c'est à la foi que nous demanderons nos solutions ; car c'est la Foi seule qui est capable de nous expliquer d'une manière complète le grand mystère de cette épreuve exceptionnelle, sous laquelle notre Patrie se sent encore aujourd'hui courbée. Que ceux qui ne croient pas à la Providence cherchent en dehors de Dieu l'explication de nos malheurs, qu'ils les attribuent uniquement aux fautes et aux erreurs des hommes ; nous, nous porterons nos regards

(1) M. l'abbé Noël, curé-archiprêtre de Briey, décédé le 4 février 1876.

au-delà. Sans nier la part considérable des causes humaines dans les revers que nous avons subis, disons hautement qu'il faut remonter plus haut, jusqu'à Dieu, pour les comprendre ; autrement ils demeurent à jamais inexplicables.

Dieu nous avertissait, Dieu nous éprouvait ; c'était sa Justice qui passait visiblement sur nous dans le cours de cette année terrible, mais cette Justice, elle ne nous a frappés que pour nous guérir ; elle ne nous a humiliés que pour nous relever. C'est à ce point de vue fortifiant, et, après tout, le seul véritable, qu'il convient de nous placer pour tirer profit de nos disgrâces.

L'épreuve, mes Frères, fait partie du plan de Dieu dans la vie des peuples comme dans celle des individus ; elle y entre comme un élément de dignité et une source de mérites. Mais de toutes les épreuves, la plus providentielle comme la plus redoutable, c'est la guerre et les maux qu'elle entraine après elle. Pouvons-nous songer sans tristesses à tant de ravages, à tant de ruines, à ces batailles où des milliers d'hommes, l'espoir et l'honneur de la Patrie, tombent moissonnés avant l'âge, à ces deuils qui se multiplient, à ces foyers dévastés où la mort s'est assise, à ces vieillards qui ont perdu, suivant la touchante expression de l'Ecriture, *la lumière de leurs yeux, leur bâton de vieillesse, la consolation de leur vie et l'espoir de leur postérité*, à ces mères de famille, à ces *Rachel pleurant sur la mort de leurs enfants et ne voulant pas recevoir de consolation parce qu'ils ne sont plus.*

Ah ! tout cela est terrible, et il est bien permis de désirer, quoiqu'il ne soit pas probable de l'obtenir, que les peuples désormais établis dans la paix cessent de s'épuiser par le venin de haines implacables ou par le fardeau d'armements démesurés. Mais la guerre a pris possession du monde et la généreuse utopie qui voudrait l'en exclure, n'a pas assez compté sur les passions humaines qui la perpétuent ni avec la Providence de Dieu dont elle sert les desseins. Or, lorsque la guerre est malheureuse, lorsqu'on n'a pas, pour se consoler des maux qu'elle apporte, les compensations de la victoire, lorsqu'à l'amertume de ses deuils s'ajoutent les humiliations de la défaite, ah ! mes Frères, quel surcroit d'infortune ! Nous l'avons connue, cette épreuve, et, dans toute son amertume, nous avons épuisé jusqu'à la lie le calice des douleurs, rien ne nous a manqué de tout ce qui peut déchirer l'âme d'un grand peuple. Mais ces jours de tribulations et de tristesse, il ne faut pas qu'ils soient perdus pour notre avenir. Dieu a fait les nations guérissables et c'est aux sources fortifiantes de l'adversité qu'il retrempe leurs vertus.

Heureux les peuples qui savent comprendre cette austère vérité ! Mais, mes Frères, je viens le demander avec anxiété, avons-nous assez profité des avertissements de la Providence, et faudrait-il reconnaitre, comme j'entends bien souvent en faire l'aveu, que cette génération aurait trop vite oublié les graves leçons qui se dégagent de nos malheurs ? Parait-il que nous remontions avec résolution les pentes funestes qui conduisent les peuples aux abimes ? Est-on assez convaincu, à l'heure où nous parlons, que les faux principes dépravent l'âme d'un peuple et que les saines croyances sont seules capables de le relever ?

Ah ! Messieurs, ce n'est pas à vous qu'il convient de faire cette question, à vous qui, au prix de religieux sacrifices, avez transformé cette église en un monument de piété pour les morts, à vous qui avez fondé la prière perpétuelle à la mémoire de ceux qui sont tombés sur nos champs de bataille, à vous qui êtes venus donner ici un témoignage public de vos croyances. Mais au-delà de cet auditoire chrétien, combien je vois de nos concitoyens qui s'emploient, à l'heure où nous sommes, à faire preuve d'incrédulité, en sapant par la base les vérités éternelles qui sont le fond même de la raison humaine, les assises de la loi morale et la vie de toute Société, sans comprendre que par de telles entreprises ils ajoutent à nos épreuves les éléments de nouveaux désastres !

Du moins, vous, Messieurs, qui avez le bonheur d'avoir la Foi, vous qui comprenez que l'honneur et l'avenir des peuples chrétiens sont attachés à leurs croyances, laissez-moi vous féliciter, vous encourager et vous bénir. Conservez toujours le souvenir de nos chères victimes de la guerre. Venez souvent ici recommander à Dieu leurs âmes immortelles. Les espérances de la vie future sont la meilleure consolation de ceux qui leur survivent.

Et vous, nos très chers Frères, vous qui leur étiez unis par les liens doux et forts du sang ou par ceux de l'amitié, vous, leurs compatriotes, vous, les admirateurs de leur courage, vous tous, à quelque titre que vous veniez ici répandre vos larmes avec vos prières, ne vous attristez pas comme ceux qui n'ont pas d'espérance. Ils nous ont donné l'exemple du dévouement le plus héroïque, puisqu'il a été jusqu'à la mort, et, pour la plupart, à une mort obscure et ignorée, ils sont tombés là-bas, inconnus et perdus dans ce vaste et lugubre champ de bataille, ils se sont contentés d'accomplir humblement leur devoir sans attendre des hommes leur récompense. Leurs restes sont confondus dans une commune sépulture ; Dieu seul les a distingués, il les connaît par leurs noms, ils vivront à jamais auprès de lui.

Il est raconté dans le livre des prophéties d'Ezéchiel qu'un jour le prophète aperçut dans une vision une vaste plaine couverte d'ossements blanchis : poussé soudain par une inspiration divine, « *ossements desséchés, s'écria-t-il, écoutez la parole de Dieu. Ossa arida, audite verbum Dei,* » et ces restes informes animés au même instant par une vertu mystérieuse, se rapprochèrent et s'unirent, et la vie qu'ils avaient eue, se prit à recommencer.

Et nous, contemplant ces champs de bataille qui sont couverts des restes mortels de tant de combattants, nous nous sentons aussi excités à leur dire: *Ecoutez notre parole, écoutez la voix de votre patrie qui monte vers vous,* et il me semble que les âmes immortelles qui leur étaient unies s'émeuvent et s'ébranlent pour répondre à notre appel, car ces morts qui ont été nos défenseurs, je me persuade qu'ils deviendront, s'ils ne le sont déjà, nos intercesseurs auprès de Dieu. Si, comme j'en ai

la confiance, le sacrifice de leur vie les a aidés à trouver grâce auprès de
la Miséricorde divine, s'ils sont établis dans le séjour de la lumière et de
la paix, et si, de ces hauteurs sereines de la Patrie du Ciel, ils ont une
pensée, un souvenir et une prière pour la patrie de la terre, ils deman-
deront à Dieu pour nous, je n'en doute pas, les vertus qui rendent les
nations meilleures et plus heureuses et qui préparent leur résurrection.

Et vous, mon Dieu, daignez exaucer la prière des morts d'Israël : *Audi
nunc orationem mortuorum Israël.* Vous avez déposé dans leur
poussière des germes de résurrection ; que leurs prières soient pour nous
le gage d'un relèvement que nous voulons toujours espérer ! Que notre
chère Patrie, après avoir été si rudement visitée par votre Justice, éprouve
les effets de votre Miséricorde ! Puisse-t-elle se souvenir après tant
d'infortunes et ne jamais oublier que la véritable grandeur est attachée,
pour elle, au respect des grandes choses qui ont fondé dans le passé son
influence, et qui, seules, sont capables de la restaurer dans l'avenir !

Le cortège se rend ensuite processionnellement au monument.
En tête marche Mgr Foulon, crosse en main, mître en tête,
revêtu des ornements pontificaux donnés à la paroisse par le comte
de Chambord. Dans le cortège, on remarque MM. le préfet
Delorme ; le général Hanrion ; le général de Geslin ; Ferlet de
Bourbonne, sous-préfet de Briey ; de Ladoucette ; Félix et Jules
Fayon ; Bompard, sénateur de la Meuse ; Bogino ; la municipa-
lité ; des officiers supérieurs, délégués, porteurs de couronnes, etc.

Discours de M. le Préfet Delorme.

Après les prières liturgiques, la foule s'attendait à un discours
de M. le préfet, mais son espoir est en grande partie déçu, car,
par ordre du gouvernement, M. de Sainbris doit prendre seul
la parole. Pour ce motif, M. le préfet prononce seulement les
quelques paroles suivantes :

Auprès de ce monument, aucun mot ne me vient aux lèvres ; je préfère
me taire ; j'aime mieux laisser l'âme de ceux qui reposent sous cette pierre
et qui sont morts glorieusement pour la patrie, parler à l'âme de ceux qui
m'entourent et leur donner de graves et patriotiques enseignements.

Puis, M. Guillot de Sainbris, secrétaire du comité de Paris,
rend compte ainsi qu'il suit des résultats obtenus par la commission de Paris, secondée par la presse et dirigée par le général

de Geslin. M. de Sainbris n'a omis qu'une chose, c'est de rendre justice à son dévouement exceptionnel autant que désintéressé. Il peut revendiquer une bien large part dans la réussite de la souscription.

Discours de M. Guillot de Sainbris.

Monseigneur, Messieurs,

Le 2 novembre 1875 avait lieu à Mars-la-Tour, l'inauguration du monument élevé à la mémoire de nos soldats, tués dans les douloureuses journées des 16 et 18 août. Une commission locale, présidée par M. Pierson, et que le patriotisme animait, s'était chargée de réaliser le vœu des populations voisines, en perpétuant le souvenir de ces luttes héroïques et sanglantes. Elle avait confié à un statuaire de talent, M. Bogino, le soin de retracer par le bronze l'image de la patrie en deuil.

L'artiste, heureusement inspiré, a répondu à l'attente de cette commission, qui a droit à la reconnaissance de tous pour la persévérance et le dévouement dont elle a fait preuve dans une entreprise aussi difficile.

Pourtant, malgré l'appel qu'elle avait adressé à la France entière, malgré l'appui du gouvernement et la sympathie qu'elle avait rencontrée auprès de généreux donateurs, elle n'avait pu réunir une souscription assez importante pour lui permettre d'achever son œuvre telle qu'elle l'avait conçue. C'est alors qu'un comité se forma à Paris, sous la présidence de M. le général comte de Geslin. Il avait pour but, en s'inspirant des idées de la première commission, de poursuivre la tâche de celle-ci, involontairement inachevée, et de lui venir en aide, en ouvrant, avec l'autorisation de M. le ministre de la guerre, une nouvelle souscription qui lui permit de s'adresser officiellement à tous les corps d'armée.

Ce comité a eu le bonheur de voir ses efforts couronnés de succès, et de recueillir une somme assez élevée pour doter le monument des deux bas-reliefs qu'il nous est donné d'admirer aujourd'hui, et qui complètent dans des conditions si heureuses l'œuvre remarquable de M. Bogino.

En le nommant, à cette occasion, chevalier de la Légion d'honneur, M. le maréchal président de là République a accordé à l'artiste, que son talent et son patriotisme ont si bien inspiré, une récompense qui répond à nos vœux, et à laquelle, tous, nous avons applaudi.

Ces bas-reliefs sont réellement une œuvre hors ligne. Le sculpteur a adopté une saillie inusitée jusqu'à présent ; ce procédé lui a permis d'employer un mélange de ronde bosse et de hauts-reliefs, qui produit des effets de lumière et d'ombre d'une grande puissance, et donne à la statuaire des perspectives qui lui sembleraient interdites, si nous n'avions sous les yeux la preuve que les ressources de l'art sont pour ainsi dire sans limites Du reste, cette opinion n'est pas la nôtre seulement ; elle a été consacrée par le jugement des artistes et du public dans l'exposition qui vient d'être faite à Paris de ces deux belles pages historiques. Nous n'en sommes donc que mieux autorisés à rendre à leur auteur un hommage que chacun ici, nous n'en doutons pas, s'empressera de ratifier.

Monsieur le curé de Mars-la-Tour avait eu la pensée d'élever, par souscription, dans l'église paroissiale de cette commune, une chapelle spéciale pour le culte des morts ensevelis dans la crypte du monument. Le comité de Paris, grâce au chiffre de la souscription, qui a laissé un reliquat disponible, a été assez heureux pour contribuer, dans une certaine mesure, à l'édification de cette chapelle, et pour aider M. l'abbé Faller à réaliser un projet que l'insuffisance de la somme recueillie par lui aurait pu trop longtemps encore ajourner.

Ainsi sera donnée la plus légitime satisfaction au pieux souvenir que gardent dans leurs cœurs tous ceux qui comptent et pleurent une chère victime, parmi les soldats qui ont glorieusement succombé dans ces grandes et tristes journées !

Il y a deux ans, la commission locale de Mars-la-Tour terminait la tâche qui lui incombait et confiait au comité de Paris le soin de la continuer. A son tour, ce comité a achevé la sienne ; mais à l'occasion de cette seconde et dernière inauguration, il a considéré comme un devoir de rendre compte à ses souscripteurs, ici même et publiquement, du résultat de la mission qu'il avait acceptée, en y joignant les remorciments auxquels ils ont droit pour leur généreuse et patriotique coopération.

Délégué par lui pour remplir ses intentions, puissé-je avoir réussi, dans ces quelques mots, à faire connaître et apprécier les efforts de tous pour atteindre le but que quelques-uns d'abord s'étaient imposé !

Que M. le général de Ladmirault, dont le zèle a préparé, a assuré le succès de notre souscription ; que toute l'armée si prompte à répondre à l'appel de ses chefs ; que la presse pour son chaleureux et précieux concours ; que tous les Français enfin, qui ont pris part à cette manifestation nationale, reçoivent l'expression de la profonde gratitude du Comité de Paris !...

Après ce discours prononcé d'une voix forte et émue, Mgr Foulon dit une dernière prière ; chacun dépose une couronne sur ce monument dont la crypte contient les ossements de nombreux soldats recueillis sur les champs de bataille ainsi que ceux de plusieurs officiers, et la foule se retire silencieusement. C'est depuis ce jour qu'elle revient chaque année plus nombreuse et plus confiante dans l'avenir prier pour ceux qui sont toujours si vivants dans nos cœurs.

Phototypie J. Royer, Nancy.

Colonel Lonclas   Commandant de Forzan   Canrobert   Général Henri   Colonel de Geslin

Lieutenant de Vezins   Général Lafond de Villiers   Capitaine Varennes

Les Hauts-Reliefs.

Les éloges que M. de Sainbris a décernés à Bogino sont des plus mérités et nous nous y associons de grand cœur. Le bas ou haut relief est d'ordinaire peu intéressant ; il n'implique régulièrement que deux plans. Bogino en a trouvé quatre : le premier, en ronde bosse ; le deuxième, haut-relief ; le troisième, bas-relief et enfin, le quatrième, absolument noyé sur le fond.

Au lieu de faire de simples trophées d'armes, il a voulu faire des tableaux de bronze, et s'est imposé le problème d'une perspective inconnue dans le bas-relief.

Ceux de Bogino ont quarante centimètres de saillie et nos deux phototypies, quoique admirablement exécutées, sont impuissantes à en reproduire avec l'exactitude voulue la finesse d'exécution et la perspective si bien étudiée.

Bogino a traité chacun de ses tableaux de bronze en raison de la lumière qu'il devait recevoir et s'est surtout attaché à ce que rien ne portât ombre sur le fond.

Le combat d'infanterie.

Celui des deux reliefs qui est tourné du côté Sud, est divisé en trois groupes. C'est celui des deux qui est le plus fin comme détail. Au milieu, le maréchal Canrobert qui montre l'ennemi du doigt ; à sa gauche, le général Henri ; à sa droite, le commandant de Forzan et le général Lafond de Villiers vu de dos, inclinant son épée ; son cheval, vu en raccourci, produit un des effets les plus difficiles à atteindre en sculpture. La tête du général Lafond de Villiers et celle de son cheval cachent sur notre photographie le général Bourbaki que l'on distingue très bien sur l'original.

A gauche, en regardant le tableau, le colonel Lonclas qui tombe de cheval et en bas, au premier plan, le lieutenant, comte de

Vezins, mort bravement le 16 août et dont nous retrouverons tout à l'heure la si touchante inscription sur les murs de l'église.

A droite, le colonel de Geslin commandant alors le 94e de ligne qui s'illustra à Saint-Privat ; en avant, le capitaine Varennes, qui tombe mortellement frappé, la main gauche sur la poitrine.

Le combat de cavalerie.

Le haut-relief tourné du côté Nord, représente le combat de cavalerie et est divisé en deux masses. Les effets sont ici plus profonds.

A gauche du général de Ladmirault qui étend le bras, figure le général de Cissey. Derrière le général de Ladmirault, le peintre Protais qui suivait l'armée en 1870 et dont les traits ont été reproduits ici par Bogino sur la demande qui lui en a été faite par les généraux de Ladmirault et de Cissey. A la droite du général de Ladmirault, le colonel de Vernéville qui lève son sabre. Au premier plan, le fils du général Henri, porte-fanion du général de Ladmirault, tué le 16. Au premier plan également et étendu à terre, le général Legrand tué le même jour. A droite, en regardant le tableau, le général comte de Montaigu, blessé le 16, qui tombe de cheval.

La reproduction de ce magnifique haut-relief nous a inspiré l'idée de retracer ici même la physionomie du combat de cavalerie de Mars-la-Tour qu'il personnifie bien. Pour cela, nous avons eu recours au carnet de l'aide-de-camp du général de Ladmirault, le comte de la Tour du Pin Chambly, qui, emmené en captivité à Aix-la-Chapelle, écrivait le 11 février 1871, le récit suivant de ce combat terrible auquel il a pris part et qu'il a décrit avec une ardeur toute militaire :

Le combat de cavalerie du 16 août eut pour théâtre les champs qui s'étendent entre Jarny et Mars-la-Tour, à l'Ouest de la route qui relie ces points. Cette région est légèrement inclinée au Nord-Ouest, et vers son milieu la déclivité se prononce par une dépression marquée, au-dessus de laquelle s'avançaient depuis Mars-la-Tour les lignes de cavalerie allemande, formées par la brigade de dragons de la Garde, la brigade Barby de la

division Rheinbaben (4ᵉ cuirassiers, 19ᵉ dragons, 13ᵉ uhlans) les 13ᵉ dragons
et 10ᵉ hussards de la même division, et le 16ᵉ dragons de la division d'infanterie Kraatz.

Ce fut particulièrement contre les cinq derniers régiments, précédés sur
leur droite par une batterie à cheval, que se heurtèrent nos régiments : —
2ᵉ chasseurs d'Afrique (division du Barrail), 2ᵉ et 7ᵉ hussards (brigade Montaigu de la division Legrand), 3ᵉ dragons (brigade Gondrecourt de la même
division), lanciers et dragons de la Garde Impériale (brigade de France),
tous venant de la ligne brisée Bruville-la-Grange.

L'action eut lieu par ordre du général de Ladmirault, dont les divisions
maîtresses du plateau de Greyères formaient l'aile droite de l'armée Française, lorsque leur marche, jusque-là progressive, fut arrêté par une puis-
sante attaque d'infanterie sortie de Tronville, et menacée en même temps
sur son flanc droit par la marche des troupes de cavalerie énumérées plus
haut.

Il pouvait être cinq heures du soir quand nos batteries de droite, déjà
engagées de front contre l'attaque directe, furent tout à coup prises en
rouage par une des batteries de la cavalerie allemande, établie sur
la route même presque à hauteur de cette ferme. — Nous allions être
tournés.

C'est alors que le général de Ladmirault, arrivant au flanc menacé, me
donna brièvement cette mission : « Ramasser tout ce que je trouverais de
cavalerie sur ses derrières et l'amener pour dégager sa droite. »

Prenant ma course vers le vallon de Bruville, je rencontrai d'abord le
général du Barrail à la tête d'un seul de ses régiments d'Afrique, puis le
général Legrand devant sa division (dont un régiment était détaché) enfin
le général de France avec sa brigade de la Garde. A tous trois je peins
la situation, le vœu de mon général, — car le général Legrand apparte-
nait seul au commandement du 4ᵉ corps, — et tous trois font rompre aussitôt à droite pour franchir le ravin qui contourne le plateau de Greyères.
Ce ravin qui porte sur son revers opposé la route de Mars-la-Tour à
Jarny, est suivi par un ruisseau profond qui en gêne encore le franchisse-
ment.

Néanmoins les escadrons de chasseurs d'Afrique le passent au galop,
sautent la route, font à gauche et fondent en fourrageurs sur les canons
ennemis qui ont à peine eu le temps de faire feu.

Ils les traversent, poursuivent les canonniers qui les ont abandonnés,
puis découvrent en avant et sur la droite les masses de la cavalerie allemande dont les flanqueurs s'ébranlent contre eux. Mais du même temps
de galop, les chasseurs conversent à droite, se dégagent des détachements
ennemis, se rallient vivement à l'angle de la route et du bois, et là, par un
feu nourri, font renoncer à les poursuivre.

Dans ce fait d'armes téméraire, la rapidité avait enlevé le succès et la
batterie sabrée ne reparut plus.

Pendant ce temps, les trois régiments de la division Legrand ne rencon-
trant plus le feu de l'artillerie, si brillamment enlevée, avaient franchi en

colonnes le ravin et la route, et se reformaient, face à gauche, la brigade de hussards, inversé sur une seule ligne, le 3° dragons en réserve en dehors du flanc droit. La brigade de France passant par derrière en colonne serrée, conservant le trot pour former la droite du vaste mouvement destiné à déborder l'ennemi.

Je pus montrer à son commandant les cavaliers allemands à petite portée de fusil, et revenir encore assurer le général Legrand du concours de cette brigade, au moment même où un autre aide-de-camp de mon chef apportait l'ordre de ne pas différer l'action. Le général de Ladmirault envoyait cet ordre parce qu'il apercevait des essaims de tirailleurs descendant de Tronville et décelant une nouvelle attaque d'infanterie contre les progrès de laquelle il redoutait de voir se butter la charge de sa cavalerie si elle eût tardé davantage. Alors un colonel de hussards demande de faire feu sur l'ennemi qu'on apercevait à quelque 800 mètres, arrêté sur la crête du terrain. « Au sabre » reprend le général de division, et sur son ordre, M. de Montaigu enlève sa brigade qui est bientôt au galop.

Je vis alors quelques cavaliers se détacher vivement de la troupe ennemie pour reconnaître l'attaque que fournissait à pleine allure déjà, malgré la longue pente contraire, la ligne de nos hussards. Les dragons allemands surpris, restaient immobiles, en arrière de la crête, sauf à l'aile droite que des pelotons prolongèrent en se reformant face à nous, audevant de qui l'ennemi n'eut plus alors le temps que de courir quelques pas, mais avec une précision imposante. Il avait formé ainsi la droite d'une tenaille mouvante qui allait recevoir le choc du 2° hussards, tandis que le 7° donnerait partie dans un intervalle, partie contre un régiment formé primitivement en masse, face à droite, qui n'avait eu que le temps de faire front en colonne serrée.

Le choc fut rude : les dragons prussiens poussent leur « hurrah » déchargent à vingt pas les mousquetons pendant à l'arçon, et aussitôt les sabres jouent, chez eux, du taillant, chez nous de la pointe. Les plus vigoureux de nos cavaliers, dont le général de Montaigu, fendent les rangs allemands ; mais la masse des chevaux français, petits, essoufflés, se brise contre le mur que leur oppose une troupe supérieure en stature et en cohésion. Alors, qui des nôtres a traversé veut de nouveau se frayer passage à travers les rangs reformés ; la mêlée devient violente, le général de Montaigu blessé, tombe au pouvoir de l'ennemi, le général Legrand qui, au cri de « Vive l'Empereur ! » a regagné à la tête de sa petite réserve la droite de ses hussards, roule percé de coups ; son état-major, les officiers de dragons qui l'ont suivi, presque tous tombent comme leur colonel sous les sabres d'un troisième régiment ennemi (19° dragons de Hanovre) qui s'est rabattu en ligne sur notre attaque. Le général de France n'a que le temps de se jeter à l'encontre, ses lanciers à peine formés sur la gauche en bataille. Son centre perce complètement les dragons allemands, mais la gauche va donner dans la droite des troupes Legrand, et y est prise, à cause de ses habits bleus, pour des dragons ennemis, tandis que l'escadron de droite est culbuté par une colonne de uhlans qui accourait de l'Ouest. Sur le flanc que prêtent à leur tour ces uhlans, se jettent nos dragons de la garde et les abiment. Enfin sur les derrières de la mêlée, arrivent du côté des Allemands, des hussards, puis des cuirassiers, qui ne peuvent guère y pénétrer ; de notre côté, les infatigables chasseurs d'Afrique qui s'y enfoncent en fourrageurs. Ce n'était plus un combat, mais un tumulte furieux, où six mille cavaliers de toute arme s'entretuaient presque au hasard. Au milieu des imprécations, des détonations et du choc des sabres, on entendait à peine l'appel que nous adressaient nos malheureux lanciers, « ne frappez pas, nous sommes des Français » et le cri « pas de quartier » de nos dragons de la Garde, qui avaient vu des uhlans clouer au sol des blessés.

C'était horrible et merveilleux !

L'acharnement de la lutte fit flotter quelque temps ainsi ces ouragans humains, et le carnage eut continué encore, si les sonneries de ralliement par lesquelles le général de France, témoin de la fureur aveugle de la mêlée, essayait de rappeler ses cavaliers, n'eussent achevé de faire redescendre tout le tourbillon vers le ravin, d'où nos attaques étaient sorties.

Là, les Français s'arrêtent, se groupent ; ceux des Allemands que la poursuite a entraînés s'esquivent ; les trompettes rappellent des deux côtés et les deux cavaleries cherchent à se reformer chacune sur le terrain qu'elle avait quitté pour le combat. Le ralliement de la nôtre est dirigé par le général de Gondrecourt qui, accouru avec la réserve, s'est dégagé avec peine de la mêlée. Ce ralliement est protégé à gauche par le feu des chasseurs d'Afrique, à droite par celui de cavaliers démontés qui se sont groupés à la lisière du bois, mais surtout par l'action du 5ᵉ bataillon de chasseurs, poussé à dessein par le général de Ladmirault dans la pente du ravin de Greyères. Sous ses armes, périt presque entièrement un régiment des dragons de la garde prussienne qui venait de se couler dans le ravin pour y soutenir l'ensemble des attaques, et le même sort atteignait, non loin de là, l'autre régiment de cette belle brigade, alors que se sacrifiant pour dégager une colonne d'infanterie en désordre, il fut foudroyé comme elle.

Le gros de la cavalerie prussienne qui s'était reformé sur la hauteur, n'y resta pas longtemps comme une menace victorieuse, mais fut déterminé à la retraite par l'apparition, sur le lieu du combat, de la division de cavalerie Clérembauld, qui avait marché vers le ravin à la poussière des charges et dont un escadron du 4ᵉ dragons, brillamment enlevé par son colonel, eut l'honneur d'échanger avec l'ennemi les derniers coups de sabre en se jetant en fourrageurs sur son flanc.

L'action ne fut pas poursuivie ; bientôt les troupes allemandes se mirent définitivement en retraite, nous cédant l'étendue du champ de bataille, où la recherche de nos morts et le soin des blessés termina pour nous une des plus violentes et des plus grandioses rencontres de cavalerie de la guerre moderne, rencontre dont il m'a été donné d'être témoin depuis les préludes jusqu'au dénouement.

De la Tour du Pin-Chambly.

Aix-la-Chapelle, *11 février 1871.*

Récompenses décernées à Bogino.

Bien des sculpteurs se sont inspirés depuis le monument dont nous faisons l'historique, des idées nouvelles de Bogino, mais aucun ne les a réalisées d'une façon aussi heureuse. Aussi, le gouvernement, sans attendre la deuxième inauguration, l'avait-il nommé chevalier de la Légion d'honneur par décret du 5 septembre. C'est le général de Ladmirault qui lui en remit officiellement les insignes le 2 novembre suivant, jour anniversaire de la première inauguration.

Le 27 septembre 1877, au moment de la bénédiction des hauts-reliefs par Mgr Foulon, le général de Geslin remit à Bogino une plaque de granit sur laquelle se trouve une ancre en argent, rappelant celle du groupe. Sur ce symbole de l'Espérance, les armes de la Lorraine et au-dessous, en lettres de même métal : A F. Bogino, le 26 septembre 1877.

En même temps, le marquis et la marquise de Vesins lui faisaient cadeau, en souvenir de leur cher fils admirablement réussi dans un des hauts-reliefs, d'une médaille en or du sacre de Charles X donnée par le roi au grand-père du jeune héros, le maréchal Oudinot.

Mais, un des titres auxquels Bogino tient le plus, est celui de membre de l'Académie de Metz, qui lui a été décerné à l'unanimité à la suite de l'œuvre qu'il a édifiée à l'extrême frontière.

La Crypte.

Les inscriptions de l'église donnent les noms et les numéros des régiments des hommes que l'on a pu reconnaître. Tous avaient d'abord été enterrés sur le territoire français aussitôt après les batailles des 16 et 18 août. Plus tard, sur les ordres du ministère de l'intérieur, on réunit tous ces ossements dans la crypte du monument.

HAUT-RELIEF DU MONUMENT DE MARS-LA-TOUR (BOGINO SCULPT.)

Fils du Gal Henry   Colonel de Vernéville   Gal de Ladmirault — Gal de Cissey   Général de Montaigu

Prolais

Général Legrand

Celle-ci a environ 200 mètres cubes, et les ossements se trouvent réunis dans de petites caisses en chêne qui sont placées les unes à côté des autres, à environ 3^m,50 sous terre.

L'entrée de la crypte est invisible et se trouve cachée par le gazon qui recouvre la grille entourant le monument. On n'y a pas pénétré, du reste, depuis 1877, époque de la deuxième inauguration.

Les mutilations des bas-reliefs.

Il y a un an environ, des malfaiteurs restés inconnus, ont brisé à coups de pierre les armes de plusieurs officiers qui figurent dans les hauts-reliefs. Ces derniers ne tiennent plus à la main que des tronçons de sabre ou d'épée ; on peut s'en rendre compte par nos gravures. Nous renonçons à qualifier un acte de pareille sauvagerie réprouvé par toute nation civilisée.

Exposition du monument aux Champs-Elysées.

La reproduction du monument complet devait figurer à l'Exposition universelle de 1878 à laquelle l'Allemagne avait résolu de ne pas prendre part. Il eût été notre monument national et aurait été placé devant la grande porte et faisant face au Trocadéro.

Au dernier moment, l'Allemagne ayant changé d'avis, Bogino reçut de M. Bardoux, alors ministre de l'Instruction publique et des Beaux-Arts, une lettre dans laquelle le ministre faisait appel à son patriotisme. Pour des raisons de haute convenance politique, les œuvres ayant trait à la guerre ne devaient prendre part ni à l'Exposition universelle ni même au Salon annuel. Bogino, qui avait déjà donné des preuves de son patriotisme, s'inclina et se contenta de produire dans une exposition particulière. au palais des Champs-Elysées les reliefs en bronze qui, avant leur départ pour Mars-la-Tour, furent admirés par une foule considérable.

L'Eglise.

Comme nous l'avons vu, c'est grâce à une généreuse et importante souscription du Comité de Paris, que M. l'abbé Faller, curé de Mars-la-Tour, pùt transformer son église paroissiale distante de quelque cent mètres du monument, en un sanctuaire national commémoratif que Mgr Foulon vint bénir le jour même de l'inauguration des deux hauts-reliefs. Cette transformation est l'œuvre de la maison Thomas, Pierron et Hozé de Nancy, et de M. Pécheur, architecte, également à Nancy.

L'église de Mars-la-Tour est certainement unique en son genre, et, dès que le visiteur en franchit le seuil, il ressent une impression que l'on a peine à définir. De toutes parts, des versets tirés de l'Evangile, des inscriptions patriotiques, des attributs militaires, et, par-dessus tout, les inscriptions funèbres recouvrant les murs de l'église.

Sur une plaque de marbre blanc posée dans le chœur, à gauche en regardant l'autel, on lit :

« Cette église paroissiale a été transformée en église commémorative de tous nos vaillants défenseurs au moyen de souscriptions de leurs pieux parents et de leurs amis dévoués.

« Nous devons une reconnaissance particulière au Comité de Paris, qui a contribué pour une large part aux dépenses exigées par cette œuvre patriotique et religieuse. »

François-Joseph FALLER, *curé de Mars-la-Tour.*

Sur une seconde plaque de marbre blanc faisant face à la première, on lit :

« Comité de Mars-la-Tour. — Le monument militaire et national de Mars-la-Tour, représentant la France couronnant un soldat qui expire entre ses bras, a été inauguré et bénit ainsi que la crypte le 2 novembre 1875, au milieu d'une foule immense accourue à cette solennité. Les deux bas-reliefs qui décorent le bas de la statue, ont été posés par les soins et aux frais du Comité de Paris, le 26 décembre 1877. Ce groupe remarquable est dû au talent de F.-Louis-Désiré Bogino, statuaire de Paris.

La chapelle proprement dite est magnifique. L'arcade commémorative, toute en pierre de taille et haute de plus de six mètres, encadre le maître-autel et produit une profonde impression. De chaque côté, se trouvent gravés au socle des colonnes, les mots: *Honneur, Patrie.* Au-dessus des socles, un ange, au regard à la fois triste et plein d'espérance, incline à ses pieds une torche funèbre, symbole de la vie qui s'éteint. Les statues de la Foi et de la Religion, assises chacune près d'une urne enguirlandée d'immortelles, animent toute cette scène et la rendent encore plus frappante. Au-dessus du maître-autel, dans une couronne en pierre formant cartouche, deux dates éloquentes en caractères rouges :

16-18 AOUT 1870-1871.

Et en-dessous :

AUX SOLDATS FRANÇAIS

MORTS POUR LA PATRIE

A MARS-LA-TOUR, SAINT-PRIVAT;

VIONVILLE, REZONVILLE, GRAVÉLOTTE

ET AUTRES ENVIRONS

DE METZ.

Deux drapeaux tricolores reliés par un long crêpe surmontent toute cette construction et achèvent de lui donner son caractère national.

L'autel funéraire est en complète harmonie avec tout le plan d'ensemble. Sous l'autel se trouve un groupe polychromé du plus grand effet. Il représente, sur le champ de bataille, un aumônier militaire, porteur du brassard des ambulanciers, assistant à ses derniers moments un jeune sergent du 1er régiment d'infanterie, blessé à mort et mourant en soldat et en chrétien.

Partout des drapeaux ornés de crêpes et des attributs guerriers, de très jolis stores de près de quatre mètres de hauteur sur lesquels se trouvent peints des trophées représentant la Légion d'honneur en deuil, le Génie, l'Artillerie, la Cavalerie, l'Infanterie, l'Armée d'Afrique. Ces sujets alternent avec des sujets religieux qui produisent également un effet saisissant.

Dans la chapelle du Sacré-Cœur qui se trouve à droite en

entrant à l'église, est placée une fort belle croix en bois sculpté au-dessous de laquelle se trouve l'inscription suivante :

Cette croix a été sculptée à Dusseldorff (Prusse), (pendant qu'il y était prisonnier de guerre) par le colonel Carrelet, commandant le 2ᵉ hussards-Chamborant et donnéepar lui à M. l'abbé Staub, aumônier d'honneur de ce régiment, aujourd'hui aumônier titulaire du 5ᵉ corps d'armée à Orléans lequel, du consentement du donateur, la consacre à la chapelle commémorative des héros de Gravelotte.

Mais, ce qui frappe surtout les visiteurs, ce sont les peintures à fresque, les inscriptions et les plaques en marbre noir sur lesquelles se détachent en lettres d'or des pensées touchantes tirées de la Sante-Ecriture et les noms de ceux qui ont trouvé la mort dans tel ou tel combat.

Certaines inscriptions relatent laconiquement un fait d'armes ou mentionnent brièvement les dernières paroles prononcées par un brave soldat.

Les Versets.

Reproduisons d'abord les prières inscrites en lettres dorées sur des plaques en marbre noir de forme ronde et qui se trouvent placées entre chaque série d'inscriptions :

C'est une sainte et salutaire
pensée de prier pour les morts,
afin qu'ils soient délivrés
de leurs péchés.
(Macchab. Livre II.)

—

Ayez compassion
de nous, ayez
compassion de nous,
vous du moins qui êtes
nos amis.
(Livre de Job.)

—

O Dieu très bon
donnez à tous nos
généreux défenseurs
le repos éternel.

Ils s'exhortaient
à faire courageusement
le sacrifice de leur vie.
(Macchab. Livre II.)

—

Nous attendons
la vie que Dieu donnera
à ceux qui lui
demeurent fidèles.
(Tobie, Livre II.)

—

Sans effusion
de sang
il n'est point de pardon.
Puisse le sang
de ces braves
être une expiation.

—

J'ai espéré en vous
Seigneur,
je ne serai point
confondu.
(Psaume XX.)

—

Je crois que
mon rédempteur
est vivant et que je
ressusciterai au
dernier jour.
(Livre de Job.)

—

Que votre lumière
Seigneur
luise sur eux, avec
vos saints, à jamais
(Office des morts).

—

Nos glorieux défunts
attendent de vous
†
un souvenir,
une prière.

—

Pour ceux qui ont
donné leur sang
offrons le sang du
Sauveur.

Les Inscriptions funèbres.

Celles-ci sont au nombre de 328. Nous les reproduisons en totalité d'après l'ordre qu'elles occupent à l'église :

Côté droit de l'église en entrant.

Soldats inhumés dans la crypte du monument.

Louis Boisinger, du 93ᵉ.
Louis Moreaux, du 64ᵉ.
Jean-Marie Piquet, du 75ᵉ.
Jean-Nicolas Caumont, du 75ᵉ.
Jules Fossard, du 65ᵉ.
François Guérin, du 75ᵉ.
Joseph Mouquin, du 73ᵉ.
12 soldats du 73ᵉ de ligne, noms inconnus.
3 soldats des chasseurs à pied, 5ᵉ compagnie, noms inconnus.
25 soldats des 10ᵉ, 4ᵉ, 85ᵉ, 93ᵉ, 75ᵉ, etc., dont les noms sont inconnus.
Jean Azam, du 73ᵉ.

*
* *

Ange Le Pomellec.
Lieutenant du 4ᵉ régiment d'artillerie, blessé aux environs de Metz, et mort le 3 septembre 1870.
Denis Fontaine.
Sous-lieutenant au 25ᵉ de ligne, tué le 10 août à Gravelotte.
Louis-Nicolas-Jules Gelhaye.
Lieutenant au 67ᵉ de ligne, tué à Rezonville, le 16 août 1870.
Victor-Hyacinthe Briot.
Capitaine au 94ᵉ de ligne, tué à Rezonville, le 16 août 1870.

—

Albert de Lestrade.
Engagé volontaire dans les Lanciers de la Garde, grièvement blessé le 16 août 1870, en accourant au secours de son colonel attaqué par 5 cavaliers ennemis. Percé de 5 coups de lance, il expira quelques jours après en recommandant au prêtre qui l'assistait d'écrire à ses chers parents qu'il mourait content de verser son sang pour la France.

—

Pierre-Louis Rumigny.

Sous-lieutenant au 73ᵉ de ligne, tué à Gravelotte.

Charles Moullière.

Soldat au 25ᵉ de ligne, tué à Gravelotte.

Auguste-Benjamin-Aimé Delherbe.

Capitaine au 20ᵉ bataillon de chasseurs à pied, tué à Amanvillers, le 18 août 1870.

Antoine-Françoit-Marie Varé.

Capitaine au 13ᵉ de ligne, tué à Gravelotte.

—

Mathurin Lohizie.

Garde mobile au bataillon du Finistère, tué le 5 décembre 1870, au combat de la Flèche (Sarthe).

François-Alexandre François.

Né à Rouves (Meurthe-et-Moselle), capitaine adjudant-major au 2ᵉ régiment de chasseurs d'Afrique, blessé mortellement sous Metz le 14 octobre 1870 dans une reconnaissance.

—

Soldats inhumés dans la crypte du monument.

Louis-Joseph Caron, du 75ᵉ.

René Champigny, du 75ᵉ.

Pierre Brochard, du 75ᵉ.

Jules-Hipolite Morel, du 75ᵉ.

Jean Liraud, du 98ᵉ.

François Alliant, du 93ᵉ.

Jules Poignet, du 43ᵉ.

Pierre Escudier, du 93ᵉ.

30 soldats du 54ᵉ de ligne, noms inconnus.

4 soldats des chasseurs à pied, 2ᵉ compagnie, noms inconnus.

3 soldats des chasseurs à pied, 3ᵉ compagnie, noms inconnus.

Joseph Queleu, du 75ᵉ.

* *
*

Marie-Charles-Maurice du Pont de Romémont.

Né à Nancy, engagé volontaire au 5ᵉ régiment de chasseurs à cheval en 1869, nommé maréchal-des-logis à Gravelotte et mort prisonnier de guerre à Wittemberg, le 16 décembre 1870, à l'âge de 21 ans.

—

L. Grenier.

Chef de bataillon au 65ᵉ de ligne, tué le 18 août à Saint-Privat.

J. Coly.

Capitaine au 65ᵉ de ligne, tué le 18 août 1870.

François-Henri Viot.

Capitaine au 28e de ligne, blessé à Mazangé (près Vendôme), le 6 janvier 1871 et mort trois jours après.

Emile-Guil. Coconas.

Lieutenant au 51e de ligne, tué à Gravelotte.

—

Marius-Amédée de Bermont de Vaulx.

Capitaine au 20e bataillon de chasseurs à pied, tué à Gravelotte.

Adolphe Lang.

Sous-lieutenant au 3e volt. de la garde, blessé aux environs de Metz et mort de ses blessures, le 14 octobre 1870.

Victor-Edmond de Chilly.

Capitaine au 6e de ligne, tué à Saint-Privat le 18 août 1870.

—

Frédéric Legrand.

Général de division, tué le 16 août 1870. Il figure sur le bas-relief du monument qui représente le combat de cavalerie.

Michel Brayer.

Général de brigade, tué le 16 août 1870 à Gravelotte.

Jules de Marguenat.

Général de brigade, tué le 16 août 1870 à Gravelotte.

—

Eugène Keller.

Né à Mars-la-Tour, sergent-major au 24e de ligne, blessé à Forbach et mort en captivité par suite de ses blessures à l'âge de 28 ans.

Jean-François Soudon.

Né à Mars-la-Tour, artilleur à la 1re batterie du 2e régiment d'artillerie de la mobile, mort en captivité à Stettin (Poméranie).

Jean-Baptiste Quilichini.

Sergent-major au 94e, tué à Gravelotte.

—

Sébastien Raffarra.

Capitaine au 8e de ligne, décédé pendant le blocus de Metz en 1870.

Henri-Georget la Chesnais.

Capitaine adjudant-major au 23e de ligne, blessé à Saint-Privat et mort à Metz, le 27 octobre 1870.

Camille-Ed.-Nar. Rougeot.

Capitaine au 9e de ligne, tué à Rezonville.

Edouard de Trégomain.

Capitaine au 67e de ligne, tué à Rezonville le 16 août 1870.

—

Louis Merlin.

Capitaine au 1er de ligne, tué à Saint-Privat, et ses deux frères.

François Merlin.

Lieutenant au 2e zouaves, tué à Reichshoffen.

Charles Merlin.

Sous-officier au 1er de ligne, tué à Gravelotte.

Arthur Barbeyrac de St-Maurice.

Capitaine au 12e bataillon de chasseurs à pied, tué à Gravelotte.

—

Georges-Pierre de Carrière de Montvert.

Lieutenant au 94e de ligne, tué à Gravelotte.

Anatole-Ch. de Bigault de Maisonneuve.

Lieutenant-colonel au 2e grenadiers de la garde, blessé mortellement le 16 août 1870 à Gravelotte et mort le surlendemain à Metz.

—

Comte Antoine de Levezou de Vezins.

Lieutenant au 93e régiment de ligne, blessé grièvement à Gravelotte et mort le lendemain à Vionville, à l'âge de 25 ans. Il est représenté sur l'un des bas-reliefs du monument. De la main gauche il presse sa poitrine traversée par une balle et, la main droite dirigée vers le ciel, il crie à ceux qui l'entourent : « Dites à ma mère que je meurs en soldat et en chrétien, marchez en avant ! »

—

Joseph-Marie Césari.

Capitaine aux chasseurs de la garde, tué à St-Privat.

Gust.-Alex. Potherat de Thou.

Lieutenant au 12e bataillon de chasseurs à pied, mort de ses blessures à Metz le 7 septembre 1870, âgé de 26 ans.

Jean-Pierre Léxa.

Né à Droitaumont (commune de Jarny), sergent au 14e bataillon de chasseurs à pied, tué à Sedan, le 11 septembre 1870.

—

Alf.-Emile Achard.

Lieutenant au 32e de ligne, tué à Rezonville.

François-Eugène Carbonel.

Capitaine au 5e régiment d'artillerie, tué à Rezonville.

Laurent Prugière.

Lieutenant au 2e régiment de chasseurs d'Afrique, tué à Gravelotte.

Dominique-Man. d'Aure.

Chef d'escadrons au 2e régiment de chasseurs, tué à Gravelotte.

—

Henri Bouteille.

Né à Haguenau (Bas-Rhin), lieutenant au régiment des dragons de l'Impératrice, blessé le 16 août 1870 et mort à Doncourt le 29 septembre suivant des suites de ses blessures.

Bonaventure-Théodore Beurdy.

Médecin-major de 1re classe, tué à Gravelotte.

François-Paul-Ernest Morel.

Lieutenant au 17e régiment d'artillerie, tué à Gravelotte.

———

Louis Cousin.

Colonel du 3e grenadiers de la garde, tué à Rezonville.

Pierre-Eugène Leclair.

Sous-lieutenant aux cuirassiers de la garde, tué à Gravelotte.

———

M. P. Emile-Henri Troy.

Lieutenant au 62e de ligne, tué à Gravelotte.

Nicolas Royer.

Capitaine au 30e d'artillerie, chevalier de la Légion d'honneur, décédé à Tarascon, le 24 août 1872, des suites de la guerre.

Paul Béraud.

Sous-lieutenant au 29e de ligne, tué à Borny, le 14 août 1870, âgé de 22 ans.

———

Emmanuel comte d'Esparbès de Lussan.

Lieutenant d'artillerie à cheval de la garde, tué sur ses pièces en défendant héroïquement sa batterie, le 16 août 1870, âgé de 27 ans. Dernier rejeton d'une grande race, il mourut ainsi, digne de ses pères, pour sa patrie.

———

Emile Lardette.

Capitaine au 77e de ligne, tué à Gravelotte.

Jules Verharne.

Capitaine au 97e de ligne.

De Passemar de Saint-André.

Lieutenant au 97e de ligne.

Jean-François Saint-Arroman.

Lieutenant au 97e de ligne.

G. J. F. Nigond.

Sous-lieutenant au 97e de ligne.

Auguste-Edouard Blanc.

Sous-lieutenant au 97e de ligne, tous trois morts aux ambulances de Metz des suites de leurs blessures.

———

Arthur Folloppe.
Sous-lieutenant au 71ᵉ de ligne, tué à Borny.
Pierre Blondy.
Chef de bataillon au 97ᵉ de ligne.
Auguste-Eugène Four.
Capitaine adjudant-major au 97ᵉ de ligne.
Jean-François Tain.
Capitaine au 97ᵉ de ligne.
François-Ad. Renouard.
Capitaine au 97ᵉ de ligne.
Claude-François Baulras.
Capitaine au 97ᵉ de ligne, tous tués le 16 août 1870.

—

Léon-Ch.-Ben. Carré.
Lieutenant au 97ᵉ de ligne, tué à Gravelotte.
Jean-Baptiste Miquel.
Lieutenant au 97ᵉ de ligne.
Et Jules Miotte.
Sous-lieutenant porte-drapeau au 97ᵉ de ligne, tués le 16 août 1870.
Pierre Cambard.
Capitaine adjudant-major au 97ᵉ de ligne.
Et Ch.-Georges Yung.
Chef de musique au 97ᵉ de ligne, tués le 18 août 1870.

—

Louis-Joseph Robinet de Cléry.
Sous-lieutenant au 13ᵉ bataillon de chasseurs à pied, blessé à Reichshoffen
et mort à Haguenau, le 19 août.
Charles-Victor Robinet de Cléry.
Son frère, sous-lieutenant au 3ᵉ bataillon de chasseurs à pied, tué à Gra-
velotte.

—

Jean-Baptiste Royer.
Capitaine au 23ᵉ de ligne, tué à Gravelotte.
Virginie Philippe.
Lieutenant au 9ᵉ de ligne, tué à Rezonville.
Théodore-Prosper Mercier.
Soldat au 28ᵉ de ligne, né à Marly (Aisne), tué le 16 août 1870 à Grave-
lotte.

—

Léon Simony.
Sergent au 1ᵉʳ du Génie, mort à Metz en 1870.

Jules-Aimé Boutserin.

Sergent-major au 94ᵉ de ligne, né à Uckange (Moselle), tué le 16 août 1870 à Gravelotte, âgé de 19 ans.

—

Nicolas-Touss. Collignon.

Chef de bataillon au 32ᵉ de ligne, tué le 16 août 1870 près de Flavigny, et inhumé à Allamont, son lieu natal. « Courage, mes amis, disait-il aux soldats de son bataillon en parcourant leurs rangs au plus fort de l'action, tenez bon ; nous remporterons la victoire ! » En disant ces mots, un obus venait le frapper en pleine poitrine.

—

Jean-Baptiste Miavril.

Sous-lieutenant au 57ᵉ de ligne, mort à Doncourt.

Joseph-Alphonse Lemoine.

Médecin aide-major, né à Lunéville, mort pendant le blocus de Metz.

—

Ch. de Neukirchen de Nyvenheim.

Lieutenant au 5ᵉ chasseurs à cheval, tué le 16 août à Gravelotte.

Aug. de Neukirchen de Nyvenheim.

Son frère, lieutenant au 1ᵉʳ lanciers de la garde, blessé mortellement le même jour, mort le 15 septembre suivant.

« Nous ferons, disaient-ils, notre devoir comme il convient à de bons Français, et si Dieu veut nous rappeler à lui, la balle qui nous frappera ne frappera que de bons chrétiens. »

—

Louis-Emile de Maintenaut.

Lieutenant-colonel au 19ᵉ de ligne, né à Valence (Drôme), mort à Metz des suites de ses blessures.

Edmond Maquaire.

Lieutenant-colonel au 15ᵉ de ligne, mort à Metz des suites de la guerre.

—

André de Suffren.

Sous-lieutenant au 47ᵉ de ligne, tué à Reichshoffen, le 6 août 1870.

Edmond Vaillant.

De la compagnie des francs-tireurs de Metz, tué à Vany, le 23 septembre 1870.

Simon-Auguste Thienloup.

Caporal-fourrier au 57ᵉ, tué à St-Privat, à l'âge de 18 ans.

—

Julien le Saulnier de St-Jouan.

Lieutenant au 138ᵉ de ligne, mort au Bourget en 1870.

Lucien Gérard.

Né à Gorze, maréchal-des-logis fourrier au 2ᵉ cuirassiers, tué dans la charge à Reichshoffen, le 6 août 1870.

Pierre-Alfred Bodart.

Né à Onville, caporal au 80ᵉ de ligne, tué à Gravelotte, âgé de 19 ans.

—

Henri vicomte de Falaiseau.

Capitaine au 25ᵉ bataillon de chasseurs à pied, blessé à Gravelotte et tué au combat de Chaffois, le 29 janvier 1871.

—

Edg.-Olèv.-Th.-Alex. Follenfant.

Brigadier-fourrier au 4ᵉ hussards, tué à Gravelotte.

Jules Rolin.

Du 1ᵉʳ bataillon de chasseurs à pied, tué à Frœschwiller, le 6 août 1870.

Gustave Mailfert.

Né à Jarny, 1ᵉʳ tambour au 57ᵉ de ligne, tué le 16 août 1870 à Gravelotte.

—

Joseph Lacail.

Soldat au 4ᵉ de ligne, tué à Gravelotte.

Jules Husson.

Sergent-major au 1ᵉʳ du génie, né à Lunéville, mort à Metz des suites de ses blessures.

Auguste Sponville.

Garde mobile de la Moselle, né à Conflans (Moselle), mort à Metz des suites de la guerre.

Côté gauche de l'église en entrant.

Officiers et soldats inhumés dans la crypte du monument national

Antoine-Aimé Verneuil.

Capitaine au 57ᵉ de ligne, blessé le 16 août 1870 et mort le 3 septembre.

Un capitaine du 100ᵉ, nom inconnu,
Un lieutenant du 10ᵉ,   id.
Un lieutenant du 4ᵉ,   id.
Un sous-lieut du 95ᵉ,   id.
Un sous-lieut.du 100ᵉ,   id.
Un sous-lieut. du 100ᵉ,   id.
Un sous-lieut. du 75ᵉ,   id.
And.-Fer. Chaix, caporal du 10ᵉ.
B. Kornprobst, caporal du 10ᵉ.
Jean Cayet, du 100ᵉ.
Jean Panteix, du 100ᵉ.

—

Jean-Pierre Soudan, du 80°.
Jean-Baptiste Frauziols, du 100°.
Jacques-Romain Postel, du 75°.
Henri Steinhard, du 10°.
François Salaun, du 9°.
Georges Rousseau, du 75°.
Louis Rousseau, du 94°.
François Rousseau, du 9°.
Joseph Haumet, du 93°.
Michel Lohisié, du 93°.
Jean Thévenon, du 75°.
Amand Belteau, du 75°.
Louis Blondel, du 75°.

———

Pierre-Jules Amadieu.
Colonel du 75° de ligne, blessé le 16 août et mort le lendemain.

———

Eugène Roma.
Lieutenant du 9° de ligne, blessé à Gravelotte et mort le 4 septembre.
Armand-Julien-Pierre Molinier.
Sous-lieutenant au 3° dragons, blessé le 16 août et mort à Mars-la-Tour.
Philippe Javanon.
Maréchal-des-logis du 10° cuirassiers.
Raoul Surel.
Sergent-fourrier du 75°.
Louis Mornard.
Sergent du 13°.
Jean-Remi-Constant Leclerc.
Sergent du 91°.

———

Paul Deyler.
Sous-lieutenant au 1er dragons, blessé le 16 août 1870 et mort le 20.
Pierre Stoffel, du 11° d'artillerie.
F. J. Froidevenux, du 20° d'artillerie.
A. Bablin, du 9° bat. de chasseurs à pied.
François-Marie Voidy, du 100° de ligne.
Thomas Favier, du 85°.
Antoine Bastouilh, du 93°.
Michel Schwoob, tambour du 91°.
Vincent Bourre, du 93°.

J. Vincent, du 100e.
Louis-Désiré Blouet, du 10e.
Joseph-François Feuillebois, du 93e.
Edouard Hierholtzer, du 4e.
Jean-François Moreau, du 91e.
Esenant Maurin, du 91e.
François-Pierre Chauvel, du 44e.
Jean-Marie Perraud, du 10e.
François Bouvier, du 80e.
Simon Sabardin, du 80e.
Jean-Baptiste Coste, du 10e.
Henri-Casimir Fontaine, du 4e.
Pierre-Marie Urien, du 10e.
Augustin Eppe, du 10e.

*
* *

Abeillard-Bonald Bernard.
Soldat au 23e, décédé le 17 août à Metz, par suite de ses blessures.
Nicolas-Ch. Lambron.
Du 97e, blessé à Gravelotte et mort à Metz de ses blessures.
Ch.-Alex. Forchy.
Du 70e, tué à Gravelotte.
François Philippe.
Du 5e chasseurs à cheval, tué à Gravelotte.
Eugène-Akremann Perrin.
Du 4e, tué à Gravelotte.

———

Paul-Marie Bagard.
Soldat du 97e, tué à Gravelotte.
Aug.-Edouard Voirin.
Du 3e dragons, tué à Rezonville.
Xav.-Ad. Houard.
Caporal au 77e, tué à St-Privat.

———

Auguste-Nicolas Martin.
Du 9e de ligne, tué à Rezonville.
Désiré Thiébaud.
Du 62e, tué à Gravelotte.
Jean-Eugène Pradin.
Capitaine au 84e d'infanterie, tué à Rezonville.

———

Rousset Claude.
Caporal au 91e de ligne, blessé le 16 août et mort à Mars-la-Tour.
Justinien Blondet.
Sous-lieutenant au 55e de ligne, tué à Rezonville,

Théodore-Alcide-Xav. Bechu.
Capitaine au 43e de ligne, tué à Doncourt.
De Gensoul de Monchy.
Capitaine au 25e de ligne, tué à Gravelotte.

—

Doquin de St-Preux.
Capitaine d'état-major, tué le 15 août 1870.
François-Georges Stoffels.
Sous-lieutenant au 95e de ligne, blessé le 16 août 1870 à Noisseville, mort à Metz des suites de ses blessures, le 13 octobre 1870.
Picolet d'Hermillon.
Capitaine au 25e de ligne, né à Chambéry (Savoie), tué à Gravelotte.

—

Pierre-Emile Gardette.
Capitaine au 77e de ligne, tué à Rezonville.
Henri-Marie Doyard de Lamotte.
Sous-lieutenant au 57e de ligne, tué le 16 août 1870.
Pierre-Romain- Lieutaud.
Chef de bataillon au 51e de ligne, tué à Gravelotte.
François-Anatole Guillemaut.
Capitaine au 91e de ligne, tué à Gravelotte.

—

Gabriel-Charles-René Humbert.
Lieutenant au 9e de ligne, tué à Rezonville.
Court.-Victor Beaugeois.
Chef de bataillon au 67e d'infanterie, tué le 16 août 1870.
Chesnon-Champmorin du Javossé.
Capitaine au 76e régiment d'infanterie, tué à Rezonville.

—

René de Moloré de Saint-Paul.
Lieutenant d'artillerie à cheval de la garde, tué par les insurgés à la prise de Paris, le 27 mai 1871. A la veille d'entrer en campagne, il s'empressa de se confesser et de communier « car je ne comprends pas, disait-il à plusieurs de ses camarades, qu'on puisse se battre bravement si l'on n'a point la conscience tranquille. »

—

François Derio.
Lieutenant au 95e, tué le 31 août 1870, à Noisseville.
Laz.-Hipp. Bourson.
Capitaine au 94e de ligne, tué à Rezonville.
Marie-Maurice de Lardemelle.
Sous-lieutenant au 94e de ligne, né au château de Puxe (Moselle), mort pendant le blocus de Metz, des suites de la guerre.

—

ÉGLISE COMMÉMORATIVE

Phototypie J. Royer, Nancy

Hardy Charles.

Sergent-fourrier au 34e, blessé à Sedan, le 31 août 1870, et mort le 27 septembre à la suite de ses blessures.

Henri-Ch.-Aug. Legros.

Sous-lieutenant au 94e de ligne, tué à Gravelotte.

Joseph Lambert.

Lieutenant au 70e de ligne, tué à Rezonville.

François-Lucien-Bourgeois Philipot.

Sous-lieutenant au 100e de ligne, tué à Rezonville.

—

Jules-Antoine Plan.

Chef de bataillon au 64e de ligne, tué pendant le blocus de Metz.

Jean-Victor Belfroid.

Chef de bataillon au 62e de ligne, né à Paris, tué à Gravelotte le 16 août 1870.

—

Thomas-Georges de Maussion.

Capitaine au 2e hussards, mort de ses blessures, le 17 août à Doncourt.

Marie-Paul-Michel-Ange de Maussion.

Son frère sous-inspecteur des forêts, mort pendant le siège de Paris, le 16 novembre 1870.

—

Henri de Vauxonne.

Ex-zouave pontifical, décoré de la médaille militaire de Mentana, engagé volontaire le 25 juillet 1870 au 25e de ligne, et tué à Vionville le 16 août dans sa 27e année.

Charles-Félix Deschesnes.

Né à Paris le 16 avril 1824, commandant au 10e régiment de ligne, mortellement blessé le 14 août 1870, et décédé à Metz, le 30 du même mois.

—

Nicolas-Armand Tardy.

Capitaine au 70e de ligne, tué à St-Privat.

Alphée Hainglaise.

Fils du général Hainglaise, lieutenant au 2e hussards, blessé le 16 août à Gravelotte, dans une charge où il reçut un coup de sabre à l'épaule gauche, huit sur la tête, un au côté gauche, deux à la main droite, et un à la main gauche, mort le 26 août, âgé de 24 ans, à Metz, où il édifia les témoins de son agonie, par sa foi et sa piété.

—

Joseph-Albert de Berthe.

Lieutenant au 73e de ligne, tué à Rezonville.

Aymard Artus.

Sergent-major au 62ᵉ de ligne, tué à Gravelotte.

Adolphe-Marie-Bernard Agenais.

Sergent-major au 62ᵉ de ligne, tué le 31 août 1870 à Servigny-lès-Sainte-Barbe.

—

Joseph-Germ. Tridon.

Sous-lieutenant au 51ᵉ. né à Heudicourt (Meuse), blessé à Gravelotte et décédé le lendemain à Metz.

M. de la Barrière.

Chef de bataillon au 20ᵉ bataillon de chasseurs à pied, tué le 14 août 1870 à Borny.

—

Renaud de Bernard de la Fregeolière.

Capitaine au 1ᵉʳ bataillon de fusiliers marins, tué à Béhagnies (bataille de Bapaume, le 2 janvier 1871.) L'abnégation complète de ses opinions politiques, disait-il, le souverain mépris de la vie doivent s'allier dans un cœur français avec l'amour de la patrie. Qu'importe la forme du gouvernement, n'est-ce pas toujours pour la France qu'on se bat ?

—

Claude-Eugène-Léon Rapper.

Lieutenant-colonel au 66ᵉ de ligne, tué à Rezonville.

Jean-Baptiste Boulangé.

Lieutenant au 71ᵉ de ligne, né à Neufchateau (Vosges), mort à Metz le 28 octobre 1870.

—

Jules-Jacques-Aubin-Joseph Clet.

Chef de bataillon au 26ᵉ de ligne, tué à Rezonville.

Virginie Philippe.

Lieutenant au 9ᵉ de ligne, tué à Rezonville.

—

Eug.-Aug. Boby de la Chapelle.

Lieutenant-colonel des dragons de la garde, tué à Gravelotte.

François Belime.

Sous-lieutenant au 66ᵉ de ligne, né à Vitteaux (Côte-d'Or), tué près de Rezonville à la bataille du 16 août 1870, à l'âge de 21 ans.

—

Claude-Louis Ménétrier.

Lieutenant au 1ᵉʳ de ligne, tué à Gravelotte.

Nicolas-François Fouchoux.

Sous-lieutenant au 1ᵉʳ régiment d'infanterie, tué à Gravelotte.

Alex.-Alph. Legrand.
Capitaine au 1er grenadiers de la garde, tué à Rezonville.
Gustave-Léopold Grénion.
Capitaine au 3e grenadiers de la garde, tué à Rezonville.

—

Pierre-Abel Régnier.
Sous-lieutenant au 23e d'infanterie, tué à Rezonville.
Louis-Auguste Dubois.
Sous-lieutenant au 13e de ligne, tué à Gravelotte.
Louis-Charles Gausseraud.
Capitaine au 4e de ligne, tué à Gravelotte.

—

Alex.-François Berbegier.
Chef de bataillon au 70e de ligne, tué à St-Privat.
Pierre Colson.
Soldat au 70e de ligne, tué à Gravelotte.
Jean-Louis Tisserand.
Sergent au 70e de ligne, tué à Ladonchamps près Metz,

—

Ernest-Charles Urtin.
Lieutenant au 2e grenadiers de la garde, tué à Gravelotte.
Albert de Jeetze.
Capitaine au 2e grenadiers de la garde.
Ferdinand Leger.
Capitaine au 2e grenadiers de la garde.
Georges Persin de Suzor.
Sous-lieutenant au 2e grenadiers de la garde.
Eugène Comte.
Sous-lieutenant au 2e grenadiers de la garde.
Et Jules Bane.
Sous-lieutenant au 2e grenadiers de la garde, tués les 16 et 18 août 1870.

—

Henri Marchand.
Lieutenant de mobiles, mort au Mans, le 31 janvier 1870.
Jules-César Thérade.
Capitaine au 33e de ligne, tué le 18 août 1870.

—

François-Léon Trion.
Capitaine au 75e de ligne, tué à Gravelotte.
Louis-Antoine Montoy.
Capitaine au 33e de ligne, tué le 31 août 1870 à Servigny-lès-Sainte-
Barbe.

—

Jean Rauber.

Lieutenant au 18e d'artillerie, tué à Gravelotte.

Jean-Isidore Duverson.

Soldat au 4e de ligne, tué à Mars-la-Tour le 16 août 1870.

—

Henri comte d'Adhémar de Cransac.

Capitaine au 18e d'artillerie, tué à Gravelotte. « Vous le savez, écrivait-il à sa mère, à son départ de Nancy, vous pouvez compter sur tout ce que je vous ai promis, car nous sommes vous et moi de la race des vaillants et des croyants. »

Chapelle du Sacré-Cœur.

Georges-Louis Archambaud vicomte Douglas.

Lieutenant au 2e chasseurs à pied, mort le 25 août 1870, âgé de 27 ans, à Montigny-la-Ferme (Moselle), des suites de quatre blessures reçues le 18 au combat de Saint-Privat.

Beatus eris : Quoniam quod est honoris,
Gloriæ et virtutis Dei, super te requiescit
(1. Petr. 4.)

—

Gaston Berger.

Fils du général Berger, sous-lieutenant au 32e de ligne, blessé mortellement à la bataille de Borny, décédé à Metz le 14 septembre 1870, à l'âge de 19 ans.

—

Adolphe Batier.

Chef de bataillon au 4e régiment de ligne, chevalier de la Légion d'honneur, né à Châlons-sur-Marne, le 24 février 1825, tué le 16 août 1870 à Rezonville.

—

Lucien-Pierre Damey.

Né à Salins (Jura), capitaine au 25e de ligne, chevalier de la Légion d'honneur, tué à Gravelotte, le 16 août 1870.

—

Emmanuel comte d'Esparbès de Lussan.

Lieutenant d'artillerie de la garde, tué sur ses pièces, le 16 août 1870, à l'âge de 27 ans. Dernier rejeton d'une grande race, il mourut ainsi, digne de ses pères et de sa patrie, en Français et en chrétien.

—

Marie-Ferdinand-Anatole (Pierre de Luxembourg), baron de Widranges.

Lieutenant au 6e régiment d'infanterie, né à Ligny-en-Barrois, le 7 juillet

1841, mort à Saint-Privat le 18 août 1870, par suite de blessures (éclat d'obus).

—

Comte Antoine de Levezou de Vesins.

Lieutenant au 93ᵉ de ligne, blessé mortellement à Gravelotte, le 16 août 1870 ; abandonné par son ordre sur le champ de bataille, relevé trente heures après : transporté à Vionville, où le 17, ayant demandé et reçu les sacrements de l'Église, il a sans crainte rendu son âme à Dieu, à l'âge de 25 ans.

Il est représenté sur l'un des bas-reliefs du monument : une balle, l'éclat d'un obus, viennent de le percer de part en part.... sa main gauche est posée sur son cœur, la droite est dirigée vers le ciel : « Vous direz à ma « mère que son fils est mort en soldat et en chrétien. Marchez à l'en- « nemi !... »

—

Charles-Louis-Clément Guyot.

Lieutenant-colonel du 32ᵉ de ligne, tué à Rezonville le 16 août 1870. Atteint de deux éclats d'obus, on l'emportait à l'ambulance ; il désira se retourner et vit l'ennemi qui se rapprochait ; se faisant asseoir sur un talus face au combat, il dit aux soldats : « Allez, on a besoin de vous ! » Lui périt là, disparaissant bientôt dans la mêlée, victime de son dévouement.

(Extrait de l'enquête.)

———

Les Anniversaires.

Ces anniversaires des batailles des 16 et 18 août auxquels chaque année l'abbé Faller convoque par la voie de la presse les populations lorraines, sont d'un excellent et patriotique enseignement. Malheur à celui qui revient de là-bas sans en rapporter au fond du cœur une impression profonde, ineffaçable !

Dans ces vastes plaines semées de monuments funèbres où le paysan pensif trace aujourd'hui un paisible sillon, nos mains se rencontrent avec celles des annexés cueillant sur une tombe un bluet, une marguerite, un coquelicot, sublime emblême qu'ils placent sur leur cœur au moment de repasser la frontière.

Sur la tombe de ces fiers capitaines, de ces humbles soldats dont les cendres reposent du moins sur la terre française, nous nous inspirons de leur héroïsme et de leur sacrifice de la vie.

On se souvient !

Ici, nulle insulte au vainqueur, mais souvenir vivifiant et salutaire, respect de la mort et foi dans l'avenir !

Honneur au modeste curé de Mars-la-Tour qui s'inspire de sentiments aussi élevés et sait les communiquer à tous les Français sans distinction d'opinion !

Les Batailles des 16 et 18 août 1870.

Nous avons eu l'idée de joindre à cet ouvrage une carte représentant exactement les tombes et les monuments élevés sur les champs de bataille.

Les tombes françaises sont représentées sur cette carte par une croix un peu plus grande et plus noire que celle figurant sur les tombes allemandes. Ces dernières sont, à beaucoup près, les plus nombreuses.

La bataille de Saint-Privat a été la plus meurtrière de la campagne, et le touriste qui parcourt ces plaines immenses constate que le roi de Prusse n'exagérait pas en appelant Saint-Privat : *« Le tombeau de la garde. »*

De toutes parts, en effet, il rencontre des tombes où il est fait mention des officiers et des soldats de la garde. Sur l'une d'elles, on lit : 3o officiers de la garde et environ 2,ooo corps ; sur une autre : 16 officiers et environ 1,5oo hommes de la garde !

En 187o, les Allemands portaient déjà, suspendues au cou, des plaques mortuaires (*Todesmarken*) indiquant le numéro du régiment et le matricule du soldat, de sorte qu'au moment de l'inhumation, on put inscrire sur les tombes certaines indications qui font absolument défaut sur les tombes françaises. Cependant, le grand nombre des victimes à inhumer et la précipitation rendirent très souvent cette sage précaution à peu près inutile, car un grand nombre de tumuli allemands ne portent aucune mention. Quant aux tombes françaises, on en trouve *une seule* sur laquelle est inscrit le nom du sous-lieutenant Fleury, enterré avec 1o officiers de la garde prussienne et saxons.

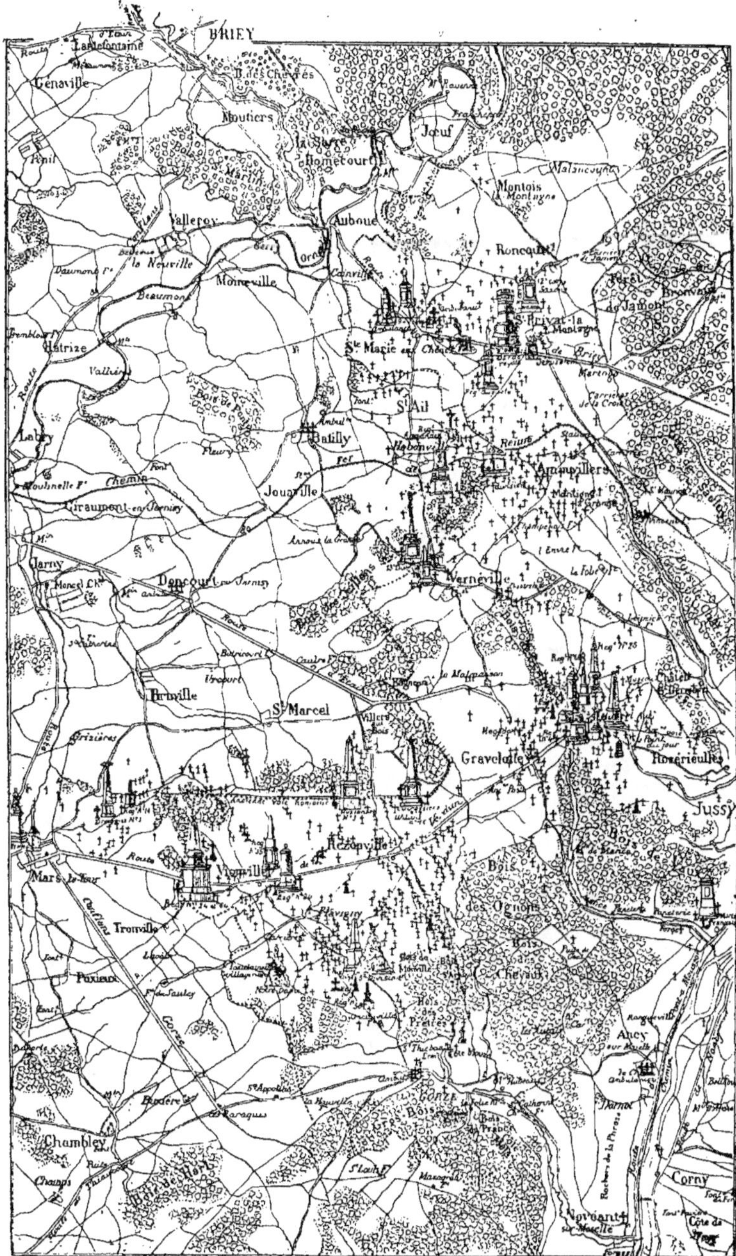

Carte des tombes des champs de bataille.

C'est le seul nom français qui saute aux yeux dans cette vaste nécropole où reposent tant de milliers de braves !

Pour terminer, citons cette appréciation de M. Amédée Le Faure dans son *Histoire de la guerre franco-allemande*, relativement à la journée du 16 août :

La bataille avait duré dix heures : les pertes étaient des deux côtés effrayantes, les Français comptaient hors de combat 16,954 hommes, parmi lesquels 837 officiers. Trois généraux avaient été tués, (le général de division Legrand, les généraux de brigade Brayer et Marguenat) ; trois avaient été blessés, (le général de division Bataille, les généraux de brigade Montaigu, et Letellier-Valazé). Enfin sept colonels étaient atteints.

Les Prussiens accusent 16,500 hommes, tués, blessés ou disparus, parmi lesquels deux généraux tués Wedell et Doring, plusieurs blessés, et onze colonels tués.

Le chiffre des troupes qui des deux côtés prirent part à la lutte, a été discuté : les Allemands exagérant nos effectifs, et diminuant volontiers les leurs, ont avancé que nous étions deux contre un ; il n'est donc pas inutile de citer des chiffres positifs.

Les Français avaient en ligne de 110 à 115,000 hommes (2º corps, moins la division Laveaucoupet), le 6º corps, deux divisions du 3º corps (la division Metman non arrivée, et la division Montaudon non engagée), le 4º corps moins la division Lorencez, la garde. Les Prussiens avaient deux corps entiers, une brigade du 8º corps, un régiment de la garde, deux divisions de cavalerie, une batterie du 4º corps, une batterie de la garde, ce qui donne un peu plus de 90,000 hommes. La supériorité numérique des Français n'était donc pas bien considérable, mais il faut remarquer que tandis que les Allemands ont maintenu au feu, jusqu'à la dernière minute, tous leurs bataillons, nous n'avons que successivement engagé les nôtres ; au début le 2º corps fut seul, soutenu ensuite, il fut retiré presque entièrement de la lutte : le 3º corps agit peu, le 4º s'arrêta après la charge de cavalerie. En résumé, et c'est là l'opinion des historiens impartiaux comme Lecomte, les effectifs *agissants* furent sensiblement égaux.

« Comme le disait dans le temps un général russe, Mentchikoff, la victoire appartient à celui qui doit enterrer les morts, et celui-là doit enterrer les morts qui reste à côté d'eux, sur le champ de bataille. C'était notre lot, nous étions maîtres du champ de bataille ; par conséquent nous étions victorieux » (1). Nous étions victorieux en effet. Malgré le décousu de l'action, malgré l'absence de toute direction de la part du commandant en chef, nos troupes avaient repoussé toutes les tentatives de l'ennemi ; sur la droite, sur la gauche, comme au centre, nous gardions nos positions.

(1) Déposition du maréchal Canrobert.

Était-ce là cependant un de ces succès qui décident du sort d'une campagne ? Évidemment non : le courage du soldat peut bien résister à une agression, mais c'est le chef seul qui profite des avantages obtenus : le maréchal Bazaine ne vit pas le parti immense qu'il pouvait tirer de la journée, il ne comprit pas qu'il n'avait qu'un signe à faire pour pousser en avant sur notre droite les 4e et 6e corps, et jeter dans la Moselle les 80,000 Prussiens que nous avions devant nous. Pendant ces dix heures d'action, le maréchal n'eut qu'une seule précaution : maintenir sa ligne de retraite sur Metz, s'opposer à un mouvement hypothétique des Allemands sur notre gauche. A cette pensée, il sacrifia tout : il appela une division du 8e corps, il fit venir le corps Frossard tout entier, après sa retraite sur Rezonville ; enfin il garda une partie de la journée, les voltigeurs de la garde. Quant à l'aile droite, le commandant en chef ne s'en occupa pas : il n'envoya pas un aide de camp de ce côté pour se renseigner, ne donna pas un ordre ; et ce n'est, d'après sa déposition même, que le soir, par hasard, qu'il fut informé du succès, et même de l'arrivée du général de Ladmirault. Et cependant c'était là le point important, capital ; la gauche, c'était Metz, c'est-à-dire la place que l'on quittait ; mais la droite, c'était Verdun, la direction que nous devions gagner à tout prix.

Aussi le résultat immédiat de cette bataille, gagnée par le courage des soldats, fut-il nul : nos positions nous restaient, mais l'ennemi était maître de Mars-la-Tour, qu'il ne dépendait que de nous d'occuper, après les premiers, et si réels succès, du général Ladmirault. Des deux routes de Verdun, nous en tenions une, celle d'Étain, mais la plus importante était aux Allemands. L'obligation de faire avancer notre droite était si évidente, qu'un colonel d'état-major aujourd'hui général, M. Loysel, prit sur lui d'indiquer le mouvement au maréchal, qui se refusa à donner un ordre.

Empruntons également au même ouvrage quelques lignes sur la journée du 18 août :

A huit heures quarante, le feu cesse. Le général Bourbaki envoie une reconnaissance vers Saint-Privat, et l'on constate que les Allemands n'occupent pas le village : des soldats du 4e corps vont même rechercher leurs sacs qu'ils ont abandonnés le matin : à onze heures du soir, Amanvillers est évacué, et une demi-heure plus tard la garde se retire à son tour.

Le 3e corps conserve ses positions jusqu'à trois heures du matin : sur l'ordre du maréchal, il se retire en arrière, le 2e corps suit ce mouvement. Ajoutons ce dernier et sinistre détail qu'un grand nombre de blessés sont abandonnés, le maréchal Bazaine ayant négligé de prévenir l'intendant en chef, et les ambulances du quartier général étant restées à Plappeville !

« Cette bataille d'*Amanvillers*, à laquelle les Prussiens ont donné le nom de Gravelotte, dit un témoin qui ne saurait être accusé de partialité, le général Frossard, pouvait-elle être gagnée par l'armée française ? Qu'on nous permette de dire, sans aucune pensée de critique, que nous pouvions avoir toutes chances favorables et grandes espérances si, dès le matin du 18, lorsque les mouvements reconnus de nos ennemis n'ont plus laissé de doute sur l'imminence d'une attaque, le corps de la garde impériale avait été porté en arrière de notre aile droite, avec la réserve générale d'artillerie de l'armée. C'était le point faible, le seul point faible de notre ligne... Nous devons peut-être avoir plus de regrets de cette bataille perdue que de tous nos autres malheurs (1).

« La victoire, ce jour-là, eût été le salut. »

Le lendemain 19 août, l'armée française, repliée sous le canon de Metz, occupa les positions suivantes : le 2ᵉ corps, sur le versant sud de Saint-Quentin, sa gauche à Longeville ; le 3ᵉ sur le plateau de Plappeville, sa gauche à Lessy ; le 4ᵉ à partir de Lorry sur le contre-fort du Coupillon ; le 6ᵉ, à sa droite, au château du Sansonnet et dans la plaine, en avant du saillant nord du fort Moselle ; la garde impériale sur les pentes du Saint-Quentin, vers le ban Saint-Martin, où fut placé le quartier général ; enfin la cavalerie de réserve dans l'île Chambière.

Ces positions sont celles que le maréchal Bazaine avait fait reconnaître dans la matinée du 18, avant la bataille, par le colonel Lewal, et qui avaient été indiquées ensuite aux divers chefs de corps pendant l'action, comme pour mieux montrer que l'intention du commandant en chef n'était pas de profiter des résultats heureux obtenus par le courage des soldats.

Un dernier mot :

Vers les cinq heures et demie ou six heures, du plateau Saint-Quentin, le maréchal Bazaine vit quelques convoyeurs, des blessés pris de panique, redescendre précipitamment dans la vallée.

« Que faire avec de pareilles troupes ? » s'écria-t-il en s'adressant aux officiers de son état-major.

En rendant compte à la reine de Prusse de la bataille, le roi écrivit : « Nos troupes faisaient des prodiges de valeur contre un ennemi *brave également, qui disputait chaque pas, et prenait souvent l'offensive.* »

La journée avait été rude : les Français avaient 12,273 hommes dont 589 officiers, hors de combat ; y compris les généraux Golberg, Henry, Bellecourt, Collin, Pradier blessés, Plombin disparu. Il faut déduire deux à trois mille débandés repliés sur Metz qui rejoignirent leurs corps. Le 6ᵉ corps était le plus éprouvé (5,200 hommes hors de combat), le 2ᵉ corps n'avait eu que peu à souffrir (594 hommes et 27 officiers atteints).

Du côté de l'ennemi, les pertes étaient bien plus considérables : elles atteignaient 22,000 hommes, sur lesquels 904 officiers y compris les généraux Craushaar tué, Pape, Medem, Blumenthal, blessés. Certains régiments avaient subi des pertes excessives, principalement dans la garde.

____

(1) Le maréchal Bazaine, pour mieux montrer qu'il entendait se tenir sur la défensive, a donné à l'action le nom de *Défense des lignes d'Amanvillers :* le nom de *Saint-Privat* a prévalu à juste titre, car c'est autour de ce village que la lutte a été particulièrement acharnée et décisive. Quant au nom de *Gravelotte,* il ne peut s'expliquer que par cette considération que le roi de Prusse est resté dans cette direction une partie de la journée.

Notes diverses.

Au fur et à mesure de l'impression de ce volume, nous avons recueilli quelques renseignements intéressants qui n'ont pu trouver place dans le corps de l'ouvrage, mais que nous consignons ici.

Reproduisons d'abord l'appel fait en 1873 par le comité de Mars-la-Tour au clergé de France :

Mars-la-Tour, le 12 février 1873.

MONSIEUR LE CURÉ,

Permettez-moi de venir respectueusement solliciter votre généreux concours pour une œuvre qui a été inspirée par un sentiment profondément religieux et par le besoin de rendre un hommage solennel au courage malheureux de nos braves soldats, tombés sur le champ de bataille de Mars-la-Tour et des environs.

Il s'agit d'élever sur le sol même de la commune de Mars-la-Tour, un monument commémoratif des terribles combats qui ont été livrés dans nos contrées, et qui sera un témoignage éclatant rendu à l'intrépidité et à la bravoure de ceux des nôtres qui ont succombé, écrasés par le nombre.

Œuvre de foi, ce monument rappellera aux générations cette vérité divine, si consolante et si chère à nos cœurs, que nos soldats morts sont pleins de vie devant Dieu et que la prière a le pouvoir de faire passer plus promptement à la gloire immortelle ceux que leur martyre n'aurait pas tout à fait purifiés.

Nous n'avions d'abord en vue, Monsieur le Curé, qu'un monument un peu plus que modeste, mais il nous arrive de toutes parts tant de marques de sympathie, que nous sommes obligés de donner de plus grandes proportions à notre cadre, l'impulsion nous est donnée surtout par nos régiments qui nous apportent à l'envi leurs cotisations. Vous seriez touché jusqu'au fond de l'âme, Monsieur le Curé, si nous pouvions mettre sous vos yeux leurs bonnes paroles.

Permettez-nous, Monsieur le Curé, de vous rappeler ce qu'on dit partout, qu'il y a des liens étroits qui unissent le prêtre au militaire : On rencontre chez l'un et chez l'autre l'esprit de dévouement, d'abnégation et de sacrifice ; nous sommes donc sûrs d'avance, Monsieur le Curé, que le clergé qui sera le confident de nos pensées, marchera sur la même ligne que nos régiments, et que chaque Curé apportera à notre monument sa pierre plus ou moins précieuse ; il y a plus encore : il usera, nous en sommes persuadés, de sa haute influence sur ses paroissiens pour les décider à joindre leurs efforts aux nôtres pour atteindre le même but. Chaque régiment, nous en sommes témoins tous les jours, se fait gloire

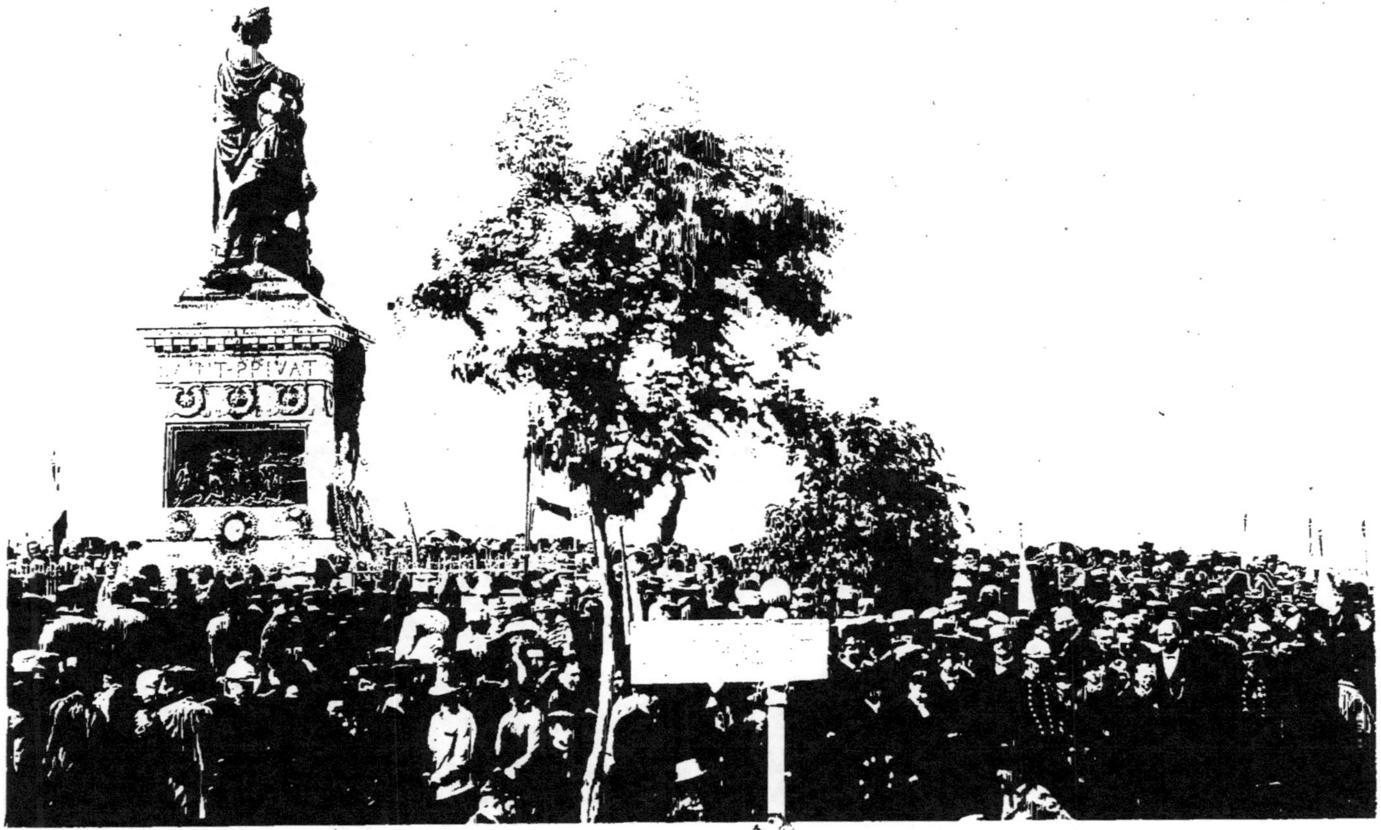

CÉRÉMONIE DU 16 AOUT 1887. — LA FOULE PENDANT LE DISCOURS DU SOUS-PRÉFET

de suivre l'exemple de son colonel qui donne son offrande avec toute la bonne grâce possible, pourrait-il en être autrement des paroissiens qui verront leur Curé se mettre en tête de la liste de souscription ?

Pleins du meilleur espoir dans votre dévouement, nous avons l'honneur d'être, Monsieur le Curé, avec le plus profond respect, vos très humbles, et, à l'avance, vos très reconnaissants serviteurs.

LES MEMBRES DE LA COMMISSION :

STEF, *curé de Mars-la-Tour, Président honoraire ;*
PIERSON, *Président ;*
LALLEMENT, *Vice-Président ;*
FRIAQUE, *Secrétaire ;*
DELANDRE, *Trésorier ;*
GOFFARD, *Membre actif.*

Le terrain sur lequel est érigé le monument national a été gracieusement donné par M. Charles Bertin, demeurant à Nancy.

Une seule réduction du monument de Mars-la-Tour a été faite jusqu'à ce jour. C'est la commission de souscription qui en a fait, en 1877, la commande à Bogino pour l'offrir à M. Besançon, ancien maire de Metz. Cette réduction a 75 centimètres de haut.

Pendant l'impression de ce volume, le Conseil municipal de Mars-la-Tour a décidé que le reliquat de la souscription serait affecté à la pose d'une seconde grille autour du monument et à l'installation de deux grandes urnes ornant l'escalier conduisant à ce dernier.

M. Guillot de Sainbris dont il est question plusieurs fois dans cet ouvrage est mort le 11 juillet 1887 à Versailles.

Chaque année, M. le curé de Mars-la-Tour adresse à la Presse un avis relatif à l'anniversaire des 16 et 18 août 1870. A titre de document, voici celui qu'il lui a adressé le 8 août 1887 :

Le 16 août prochain, à midi précis, sera célébré avec la pompe accoutumée, dans l'église commémorative de Mars-la-Tour, lé service anniversaire fondé en cette paroisse par le comité local pour tous les soldats français tués à l'ennemi dans les sanglantes journées des 16 et 18 août 1870 et dans les autres combats livrés autour de Metz.

Nous invitons à cette funèbre cérémonie tous ceux qui ont la mémoire du cœur et qui comprennent le patriotique devoir de se rendre à cette solennité à la fois religieuse et nationale.

L'année dernière, près de 300 officiers et soldats, de tous grades et de toutes armes, sont venus donner à ce service un cachet de distinction qui a profondément ému la multitude accourue de tous côtés pour cette touchante circonstance.

Cette année, nous l'espérons, l'élément militaire aussi bien que l'élément civil se feront un honneur d'y tenir encore une plus large place et de prouver ainsi, une fois de plus, que la France reconnaissante n'oublie pas ses enfants morts pour elle.

Après le service, le cortège, musique en tête, se dirigera vers le monument national pour y déposer les couronnes apportées à cette intention et chanter avec le clergé, devant la crypte, les prières liturgiques de l'absoute en faveur de tous nos braves défenseurs.

Les heures des trains donnent toute facilité pour se rendre à Mars-la-Tour, tant pour l'aller que pour le retour.

A la suite de cette invitation reproduite par toute la presse, une foule de 6.000 personnes environ, comprenant un millier de militaires de tous grades et de toutes armes, s'est rendue au jour dit à la cérémonie funèbre. A l'église, la quête a été faite par deux toutes gracieuses jeunes filles, mesdemoiselles Berthe Munier et Marie Thiébaut, revêtues l'une du costume lorrain et l'autre du costume alsacien. C'est la troisième année que ces jeunes filles veulent bien consentir à quêter et à mettre leur bonne grâce naturelle au service de l'œuvre patriotique de Mars-la-Tour.

Notre photographie a été prise au moment où M. Gallois, sous-préfet de Briey, représentant le gouvernement, prononçait son discours accueilli aux cris répétés de « Vive la France ».

Pour la première fois depuis 1877, le public a été admis à visiter la crypte moyennant cinquante centimes d'entrée destinés à subvenir aux frais d'entretien du monoment.

TABLE.

—

NANCY. — TYPOGRAPHIE G. CRÉPIN-LEBLOND, PASSAGE DU CASINO.